Stefan Horn

Lexikon des bürokratischen Wahnsinns

Handelsblatt

STEFAN HORN

LEXIKON DES BÜROKRATISCHEN WAHNSINNS

Die skurrilsten Bestimmungen, die unsinnigsten Regelungen – alphabetisch abgelegt

ARISTON

Gewidmet meinem Schwiegervater Roland.
Du hättest Deine Freude daran gehabt, den bürokratischen Wahnsinn zusammenzutragen.

MIX
Papier aus verantwortungsvollen Quellen
FSC® C014889

Verlagsgruppe Random House FSC® N001967
Das für dieses Buch verwendete FSC®-zertifizierte Papier
EOS liefert Salzer Papier, St. Pölten, Austria.

Bibliografische Information der Deutschen Bibliothek
Die Deutsche Bibliothek verzeichnet diese Publikation in der Deutschen Nationalbibliografie; detaillierte bibliografische Daten sind im Internet unter http://dnb.ddb.de abrufbar.

Umschlaggestaltung: Weiss Werkstatt München
unter Verwendung eines Motivs von shutterstock
Satz: EDV-Fotosatz Huber/Verlagsservice G. Pfeifer, Germering
Druck und Bindung: Pustet KG, Regensburg
Printed in Germany 2013

ISBN 978-3-424-20087-4

INHALT

VORWORT

Benötigt die Bundeswehr wirklich Sonnencreme aus Eigenproduktion zur Erhaltung der Verteidigungsbereitschaft? Und warum muss Hamburg ein Seilbahngesetz haben, obwohl es dort nicht eine einzige Seilbahn gibt? Wieso ist es für die Berechnung der Mehrwertsteuer wichtig, ob Flusspferd und Hausschwein biologische Verwandte sind?

Über bürokratischen Wahnsinn haben wir uns alle schon einmal beklagt. Wer hat noch nicht gegen komplizierte Vorschriften und Antragsformulare gekämpft? Bei den Recherchen für dieses Buch konnte mir jeder, dem ich von dem Projekt berichtet habe, mindestens einen Fall nennen, wo er selbst bei der Auseinandersetzung mit der Bürokratie dem Wahnsinn nahe war.

Eine Auswahl wahnwitziger bürokratischer Bestimmungen und Regelungen, die Staat, Steuerzahler und Wirtschaft jährlich unglaubliche Summen kosten, finden Sie in diesem Buch. Ein Teil der beschriebenen Fakten ist zum Schmunzeln, über andere wird sich der eine oder andere Leser aufregen angesichts der damit verbundenen Ausgaben und Verschwendung von Ressourcen.

Auch die Politik hat den bürokratischen Wahnsinn als dankbares Betätigungsfeld entdeckt. Denn nichts kommt besser beim Wähler an als ein breit angelegter Bürokratieabbau. Deshalb sollte mit einigen Bürokratieabbaugesetzen die Belastung von Unternehmen und Bürgern reduziert werden.

Wir müssen uns eingestehen, dass es nicht ganz ohne Bürokratie geht. Denn damit würden wir auch auf viele sinnvolle und wichtige Regelungen verzichten. Ein Teil der viel beklagten Bürokratie wird aber auch von uns allen durch unsere Forderungen und Klagen verursacht. Wen hätte früher Hundegebell oder der Hahnenschrei am Morgen gestört? Diese Hintergrundgeräusche gehörten im ländlichen Raum ebenso dazu wie das Läuten der Kirchenglocken. Heute müssen sich die Gerichte damit beschäftigen, wann und wie lange ein Hund bellen darf. So gibt es zahlreiche Urteile darüber, dass ein Hund nicht zu lange bellen darf und sich an Mittags- und Nachtruhe zu halten hat. Wie der Tierhalter seinem Hund beibringen soll, die Uhr zu lesen, konnte aber noch niemand verraten.

Die kürzlich aufgedeckten Lebensmittelskandale ließen schnell den Ruf nach strengeren Kontrollen laut werden. Angesichts dessen, was sich alles in den Lebensmitteln gefunden hat, wird die mit den Kontrollen verbundene Bürokratie gerne in Kauf genommen. Problematisch werden Vorschriften erst dann, wenn immer mehr von ihnen zusammentreffen. Dann wird die Bürokratie zur Belastung.

Das *Lexikon des bürokratischen Wahnsinns* ist kein Aufruf zur Abschaffung aller Bürokratie. Mein Wunsch ist es aber, dass vor der Einführung einer neuen Regelung gefragt wird, ob es nicht auch ohne sie geht. Dazu können wir alle beitragen, indem wir selbst seltener staatliche Eingriffe und Regelungen fordern. Wenn dazu noch die bestehenden Gesetze darauf geprüft werden, ob sie überhaupt noch notwendig sind, haben wir gute Chancen, in Zukunft weniger bürokratischen Wahnsinn zu erleben.

Ich wünsche allen Entscheidern genug Augenmaß, um uns vor einer ausufernden Bürokratie zu bewahren. Ihnen, liebe Leser, wünsche ich viel Spaß beim Abtauchen in die Irrungen und Wirrungen unserer Gesetzgebung und Verwaltung. Ich hoffe, dass Sie nicht nur den Kopf schütteln werden, sondern über einen Teil der beschriebenen Wahnsinnsfälle ebenso herzhaft lachen können wie ich beim Schreiben dieses Buches.

Ihr Stefan Horn

ARBEITSLOSENSTATISTIK

Man kennt bei Autos Tages- und Kurzzeitzulassungen. Das sind Fahrzeuge, die vom Händler nur kurzzeitig angemeldet werden, um das betreffende Modell in der Zulassungsstatistik nach oben zu bringen. Die Industrie nennt das Marketing. Als Autokäufer kann man diese Fahrzeuge dann später deutlich billiger erwerben, obwohl sie oft nicht einmal gefahren wurden. Aber weil man nicht der erste Eigentümer ist, wird es billiger. Mit diesem Preisabschlag erkaufen sich die Hersteller die vorderen Plätze in den Zulassungsstatistiken.

Wenn schon die Automobilindustrie die Statistiken nach ihren Wünschen beeinflusst, kann die Politik das bestimmt auch. Um den Erfolg eines Politikers zu messen, eignet sich die Arbeitslosenstatistik am besten. Seit Jahren dient die Zahl der Arbeitslosen als Erfolgsmaßstab für Sozial-, Wirtschafts- und Arbeitsmarktpolitik. Außerdem führt eine hohe Arbeitslosenquote zu Unzufriedenheit in der Bevölkerung. Und welcher Politiker wird von unzufriedenen Wählern wiedergewählt?

Was aber tut eine Regierung, der gerade eine Wirtschaftskrise oder auch nur ein kleiner Abschwung die Erfolgsstatistik verhagelt? Man greift zu Anleihen in der freien Wirtschaft und betreibt aktives Marketing.

Wenn Sie denken, die Berechnung der Arbeitslosenzahlen sei doch genau geregelt, sodass man daran nicht viel verändern kann, werden Sie sich wundern.

Arbeitslos ist, wer keine Beschäftigung ausübt und zum Bestreiten seines Lebensunterhalts Unterstützungsleistungen wie Arbeitslosengeld oder Hartz IV in Anspruch nimmt oder von Familie und Lebenspartner unterstützt wird. So in etwa würden wohl die meisten den Begriff der Arbeitslosigkeit definieren und vielleicht noch ergänzen, dass derjenige auch arbeiten kann und will, um seinen Lebensunterhalt zu finanzieren.

Politik und Arbeitsverwaltung haben eine ganz andere Definition der Arbeitslosigkeit gefunden: Als arbeitslos gilt, wer vorübergehend keine Beschäftigung hat, eine versicherungspflichtige Beschäftigung sucht, der Arbeitsagentur zur Vermittlung zur Verfügung steht und sich arbeitslos gemeldet hat. Das sagt das Sozialgesetzbuch III in § 16 Absatz 1. Absatz 2 hält eine wichtige Einschränkung dieser Definition bereit: Wer an einer Maßnahme der aktiven Arbeitsmarktpolitik teilnimmt, gilt nicht als arbeitslos.

Bis jetzt hört sich das Ganze nach Paragrafenreiterei an, spannend wird es erst, wenn man die Folgen dieser Definitionen betrachtet.

Wer sich nicht arbeitslos meldet, ist es auch nicht. Damit fallen schon einmal all diejenigen aus den Statistiken, die gar nicht erst bei der Arbeitsagentur gemeldet sind, weil sie keinen Anspruch auf Arbeitslosengeld haben oder sich von dort keine Vermittlung in Arbeit erhoffen. Auch wer zwar arbeitslos gemeldet ist, aber nicht zur Vermittlung zur Verfügung steht, taucht in der Statistik nicht auf. Damit fallen all diejenigen heraus, die weniger als 15 Stunden pro Woche arbeiten könnten oder krankgeschrieben sind.

Ebenfalls nicht mitgezählt werden Arbeitslose, die an einer Maßnahme der aktiven Arbeitsmarktpolitik teilnehmen, um sie fit für den nächsten Job zu machen. Darunter fallen zahlreiche Angebote der Agentur für Arbeit wie Trainingsangebote, Weiterbildungen, aber auch die Förderung von Existenzgründungen und privater Arbeitsvermittlung. Nimmt ein Arbeitsloser an einem Bewerbertraining teil, gilt er in dieser Zeit nicht mehr als arbeitslos.

Will man also die Zahl der Arbeitslosen beeinflussen, gibt es verschiedene Möglichkeiten. Die beste Lösung wäre es natürlich, für viele offene Stellen zu sorgen, auf die die Arbeitsagentur ihre Kunden vermitteln kann. Das ist nur leider auch die schwierigste Lösung für Politik und Wirtschaft.

Einfacher ist es da, Arbeitslose in einer Maßnahme der aktiven Arbeitsmarktpolitik zu fördern. Wer daran teilnimmt, entscheidet letztlich der Arbeitsvermittler. Das Angebot an Maßnahmen ist vielfältig. Angefangen bei Bewerbertrainings, PC-Kursen bis hin zu vollständigen beruflichen Weiterbildungen gibt es die unterschiedlichsten Möglichkeiten, einen Arbeitslosen fit für den nächsten Job zu machen. Und dieser Freiraum wird tatsächlich genutzt, die Statistik nach den eigenen Wünschen zu gestalten, wie das renommierte Ifo-Institut in einer Untersuchung herausgefunden hat.

Das Ergebnis war erschreckend, wenn auch nicht überraschend: Vor Wahlen stieg die Anzahl der Arbeitslosen, die an arbeitsmarktpolitischen Maßnahmen teilnahmen, messbar an. Im gleichen Maß sank nach der Definition die Zahl der Arbeitslosen. Um fair zu bleiben, erwähnen die Ifo-Forscher, dass dieser Effekt unabhängig von der Parteizugehörigkeit der verantwortlichen Politiker zu beobachten war.

Wenn uns jemand besondere Verdienste bei der Reduzierung der Arbeitslosenzahlen verkaufen will, sollten Sie deshalb besonders misstrauisch sein. Werden Erfolge angeführt, die kurz vor der gerade anstehenden Wahl erreicht wurden, ist es mehr als wahrscheinlich, dass mit Rücksicht auf die Wahl einigen Arbeitslosen eine Trainingsmaßnahme angeboten wurde. Ablehnen kann der Kunde in der Arbeitsagentur so ein Angebot ja schlecht, denn damit würde er seiner Mitwirkungspflicht nicht nachkommen. Die Folge wäre eine Kürzung oder Sperre des Arbeitslosengeldes. So erklärt sich dann auch, warum so mancher in einer Maßnahme sitzt, deren Sinn er nicht versteht und die seine Aussichten auf dem Arbeitsmarkt nicht erhöht.

Sicher ist nur eines: Solange er in dieser Maßnahme sitzt, gilt er nicht als arbeitslos. Er kann sich aber immerhin damit trösten, einen Beitrag zur Verbesserung der Statistik geleistet zu haben, aber im Gegensatz zu Autos mit Tageszulassung hinterher nicht mit Preisabschlag auf dem Markt angeboten zu werden.

AUFBEWAHRUNGS-PFLICHTEN

Wer ein Gewerbe betreibt, sollte einen zusätzlichen Raum für Akten in die Planung der benötigten Büroflächen einplanen – nach den Vorstellungen der Finanzverwaltung ist der Raum in einem brandgesicherten und gegen Feuchtigkeit geschützten Gebäudeteil.

Das ist leider kein Scherz. Jeder Kaufmann ist gleich nach zwei Vorschriften – dem Handelsrecht und dem Steuerrecht – verpflichtet, Geschäftsunterlagen so aufzuheben, dass sie auch nach Jahren noch für Prüfungszwecke verfügbar sind. Alle Unterlagen, die für die Buchhaltung von Bedeutung sind, müssen für zehn Jahre archiviert werden. Und es fallen auch in kleinen Unternehmen Unmengen von Belegen an. Angefangen bei Rechnungen für Briefmarken, Büromaterial und Wareneinkauf bis hin zu Rechnungen, Kontoauszügen und Tankbelegen für das Firmenfahrzeug. Da kommen leicht einige Kilo Papier im Jahr zusammen.

Dabei muss der Unternehmer auch sicherstellen, dass die Unterlagen auch nach Jahren noch ausgewertet werden können. Wer schon einmal eine Tankquittung auf Thermopapier im Geldbeutel vergessen hat, weiß, wie schnell diese Belege nicht mehr zu entziffern sind.

Die einzige sichere Lösung ist es noch immer, diese Belege zugleich als Kopie abzulegen, die nicht mehr verblassen kann. Denn sind Belege nicht mehr vorhanden, kann das für ein Unternehmen teuer werden. Kann der Grund einer Buchung nicht mehr durch Belege dokumentiert werden, darf das Finanzamt Zweifel an der Buchhaltung anmelden. Dann besteht die Gefahr, dass die Grundlagen der Besteuerung geschätzt werden, weil die Buchhaltung als nicht ordnungsgemäß verworfen wird. Dass diese Schätzungen selten zugunsten des Steuerpflichtigen ausfallen, dürfte wenig verwundern. Aber damit nicht genug: Wer seinen Pflichten nicht nachkommt, muss natürlich auch mit einer Strafe rechnen. Es gibt viele Gründe, warum ein Beleg nach Jahren nicht mehr vorhanden sein kann. Er kann versehentlich zu früh vernichtet werden oder wie der angeführte Tankbeleg verblassen. Fehlt aber ein Beleg, fällt das unter die Tatbestände Unterlagenunterdrückung oder gar Steuerhinterziehung. Bei vorsätzlicher Vernichtung von Handelsbüchern sieht das Strafgesetzbuch in § 283b sogar Freiheitsstrafen bis zwei Jahre vor.

Dass Geschäftsunterlagen eine Zeit lang aufbewahrt werden müssen, ist sicher sinnvoll, damit sie Finanz- und Sozialbehörden zur Verfügung stehen. Streiten kann man sich aber darüber, wie lange Unterlagen aufbewahrt werden sollen. Während sich die Briten mit einem Zeitraum von sechs Jahren zufriedengeben, verlangt der deutsche Fiskus zehn Jahre. Dass dabei gewaltige Kosten für die systematische Ablage und Archivierung entstehen, kann man sich leicht vor Augen führen. Bereits in einem mittelständischen Betrieb fallen Unmengen von Belegen an, die systematisch abgelegt und archiviert werden müssen. Allein die Kosten der Lagerung für die Unterlagen aus zehn Geschäftsjahren können da in die Tausende gehen.

Wer auf den Gedanken kommt, mit einer Digitalisierung zumindest Raumkosten sparen zu können, freut sich meist zu früh. Auch digitale Daten müssen nach Jahren noch lesbar gemacht werden können. Tragisch, wenn das wegen neuer Software und neuer Geräte gar nicht mehr so einfach möglich ist. Mehr als ein Unternehmen hat deshalb im Archiv nicht nur Datenträger eingelagert, sondern daneben auch gleich noch einen Computer, der sich auch in einem Technikmuseum gut machen würde. Doch ins Museum darf das gute Stück noch lange nicht, denn nur damit können die alten Daten noch sichtbar gemacht werden. Und setzen Sie nicht darauf, dass die gebrannten CD-ROM noch lesbar sind. Falsch gelagert sind auch diese Datenträger nach wenigen Jahren nicht mehr zu gebrauchen.

Geschäftsunterlagen so aufzuheben, dass das Finanzamt keinen Anstoß daran nehmen kann, ist also gar nicht so einfach. Das bedeutet leider auch: gar nicht so billig. Unter Federführung des Finanzministeriums wurde eine Studie angestellt, welcher Aufwand Unternehmen entsteht, die alle Aufbewahrungspflichten erfüllen: jährlich rund 30 Milliarden Euro. Im Durchschnitt sind das immerhin 6.400 Euro für jedes Unternehmen.

Ein Argument für die langen Aufbewahrungsfristen ist die Möglichkeit, auch über den langen Zeitraum hinweg Steuer- und Abgabenvergehen festzustellen und dadurch die Steuereinnahmen sicherzustellen. Bei einer Verkürzung auf fünf Jahre könnten die Unternehmen rund 3,9 Milliarden Euro an Kosten jährlich einsparen. Die Mindereinnahmen für den Fiskus schätzt man auf 3 Milliarden.

Man darf sich fragen, ob diese Schätzungen nicht zu eng bemessen sind. Unternehmen, denen fast 4 Milliarden Euro mehr für Investition und Schaffung von Arbeitsplätzen zur Verfügung stehen, dürften nicht nur höhere Gewinne ausweisen, die einen Teil der Steuermindereinnahmen ausgleichen, sondern zusätzlich mit erhöhter Finanzkraft auch weitere Arbeitsplätze schaffen und damit insgesamt einen höheren Vorteil für die Staatskassen einspielen. Dieser Effekt wurde in den Untersuchungen nicht berücksichtigt, da er vermutlich nur schwer zu ermitteln ist.

Man kann immerhin lobend erwähnen, dass der Gesetzgeber sich mit den Möglichkeiten einer Verkürzung von Aufbewahrungsfristen beschäftigt hat. Mit dem Scheitern des

Jahressteuergesetzes 2013 im Bundesrat war auch die Verkürzung der Aufbewahrungsfristen erst einmal vom Tisch. Während der Arbeit an diesem Buch hat die Bundesregierung einen neuen Anlauf genommen und ein Gesetz zur Verkürzung der Aufbewahrungsfristen durch den Bundestag gebracht.

Stimmt der Bundesrat dieses Mal zu, können Unternehmer aufatmen. Nach dem Willen der Bundesregierung sollen die Aufbewahrungsfristen erst auf 8 Jahre und dann auf 7 Jahre verkürzt werden. Es gibt also noch Hoffnung.

BANANENORDNUNG

Warum ist die Banane krumm? Diese Frage beschäftigte schon Generationen. Die Antwort könnte lauten: weil die EU noch nicht entschieden hat, dass sie gerade sein muss. Fast alle anderen Eigenschaften der Banane sind dagegen in EU-Verordnungen geregelt.

Eine zufriedenstellende Versorgung mit Qualitätsbananen zu angemessenen Preisen strebt die EU mit der gemeinsamen Marktorganisation an. Die Bananenversorgung ist so wichtig für Europa, dass seit 1993 mehr als ein halbes Dutzend Verordnungen über den Import von Bananen erlassen wurden.

Festgelegt werden darin Mindestgröße und Dicke von Bananen, die in die EU eingeführt werden dürfen. Eine Banane, die für EU-Bürger geeignet ist, muss danach mindestens 14 Zentimeter lang und 2,7 Zentimeter dick sein, darf keine Beschädigungen aufweisen und noch nicht gereift sein, sodass sie noch transportiert und nachgereift werden kann.

Seit 1993 gibt es die Bananenmarktordnung der EU. Ziel war es, die in der EU produzierten Bananen gegenüber Importen aus Mittel- und Südamerika konkurrenzfähig zu halten. Bis dahin waren Bananen von den Kanarischen Inseln und aus einigen ehemaligen französischen Kolonien den Wettbewerbern in Preis und Qualität nicht gewachsen.

Zuerst wurde mit der Bananenmarktordnung eine Qualitätsnorm für Bananen eingeführt, damit dem Kunden keine minderwertigen Bananen angeboten werden. Fraglich ist nur, ob das bis dahin der Fall war oder ob der mündige Verbraucher nicht selbst in der Lage war, die Qualität der angebotenen Ware einzuschätzen. Zumindest nach der betriebswirtschaftlichen Theorie ist ein gesunder Markt in der Lage, diese Frage ohne regulierende Eingriffe zu lösen.

Die Qualitätsanforderungen genügten allerdings nicht, Bananen aus europäischer Produktion konkurrenzfähig zu machen, denn die Importbananen waren besser und billiger.

Also setzte man mit der Bananenmarktordnung oder besser »gemeinsamen Marktorganisation für Bananen, GMO« nach. Seitdem gibt es für die Verwaltung drei Arten von Bananen. Gemeinschaftsbananen kommen direkt aus einem EU-Staat. AKP-Bananen sind Bananen, die in Afrika, der Karibik oder dem Pazifikraum angebaut werden. Hier handelt es sich meist um frühere Kolonien Frankreichs und Großbritanniens, die sich im Lomé-Abkommen zusammengeschlossen haben. Daneben gibt es noch sogenannte Drittlandsbananen, also Bananen aus allen anderen Anbaugebieten.

Je nach Herkunft werden unterschiedliche Einfuhrzölle an den EU-Grenzen erhoben. Gemeinschaftsbananen sind schon in der EU und unterliegen damit nicht dem Zoll.

AKP-Bananen dagegen werden in traditionelle AKP-Bananen und nicht traditionelle AKP-Bananen unterschieden. Für ein bestimmtes Kontingent, das dem früher schon üblichen Einfuhrvolumen von Bananen aus diesen Staaten entspricht, die traditionellen AKP-Bananen, gilt ein reduzierter Zollsatz, für darüber hinaus gehende Importe, die nicht traditionellen AKP-Bananen, wird der volle Einfuhrzoll erhoben.

Für Bananen aus Drittländern gilt einheitlich der volle Einfuhrzoll.

Das Ziel, europäische Bananen auf dem Markt gegenüber internationalen Wettbewerbern deutlich zu stärken, hat man mit diesen komplizierten und teuren Regelungen nicht erreicht. Drittlandsbananen sind zwar für den Verbraucher teurer als Gemeinschaftsbananen, konnten ihre Marktposition aber trotzdem verteidigen. Auch weiterhin sind amerikanische Bananenkonzerne marktbeherrschend in der EU. Marktführer in Deutschland ist immer noch Chiquita.

Wer jetzt noch den Überblick hat, was eine Gemeinschaftsbanane, eine traditionelle AKP-Banane, eine nicht traditionelle AKP-Banane und eine Drittlandsbanane ist, möchte die Augen verdrehen und den Bürokraten zurufen: Der Kunde kauft, was er kaufen möchte, und nicht, was eine Expertenkommission sich wünscht. Lernt daraus und spart euch aufwendige Wettbewerbsregelungen, die Steuerzahler und Kunden viel Geld kosten.

BAUABZUGSTEUER

Wer als Unternehmer oder Vermieter von mehreren Objekten Bauleistungen in Auftrag gibt, hat nicht nur mit Baugenehmigungen, -planung und -kontrolle zu tun. Er wird gleichzeitig gegen seinen Willen auch für das Finanzamt eingespannt.

Gerade in der Baubranche war illegale Beschäftigung schon seit vielen Jahren ein Problem. Firmen arbeiteten, ohne Steuern abzuführen, und waren schneller wieder vom Markt verschwunden, als das Finanzamt die Gründung bemerken konnte. Waren keine Steuern gezahlt worden, schaute der Fiskus in die Röhre, weil niemand mehr greifbar war.

Seit 2002 hat man eine Lösung gefunden, die zumindest einen Teil der Steuereinnahmen sicherstellen soll. Bauherren, die als Unternehmer Bauleistungen in Anspruch nehmen, müssen von der Rechnungssumme 15 Prozent einbehalten und an das Finanzamt des ausführenden Unternehmens abführen. Zahlt dieses Unternehmen seine Steuern dann ordnungsgemäß, wird der bereits abgeführte Betrag wie eine Steuervorauszahlung auf die Steuerschuld angerechnet. Ausgenommen von dieser Verpflichtung sind nur private Bauherren und Bauleistungen mit einem Volumen von weniger als 5.000 Euro im Jahr.

Für den ausführenden Bauunternehmer kann dieser Steuereinbehalt zu unangenehmen Liquiditätsproblemen führen. Damit das nicht geschieht, hat der Gesetzgeber eine Ausnahmeregelung für die Abführung von Bauabzugsteuer geschaffen. Unternehmen, bei denen die Steuerzahlung als nicht gefährdet eingestuft wird, können eine Freistellungsbescheinigung des Finanzamts bekommen, die es dem Bauherrn ermöglicht, die Rechnung ohne Einbehalt von Bauabzugsteuer zu bezahlen. Die Freistellungsbescheinigung kann vom Finanzamt immer für drei Jahre ausgestellt werden. Danach muss sie erneut beantragt werden.

Inzwischen ist es in der Baubranche üblich, eine Freistellungsbescheinigung vorzulegen. Der Ausnahmefall ist zur Regel geworden, nur in wenigen Ausnahmen wird überhaupt noch Bauabzugsteuer abgeführt. Mehr als 90 Prozent der in Deutschland tätigen Bauunternehmen sind in Besitz der Freistellungsbescheinigung. Was von der einstmals guten Idee zur Sicherstellung der Besteuerung geblieben ist, ist ein großer Verwaltungsaufwand für Unternehmen und Finanzämter. Freistellungsbescheinigungen müssen regelmäßig beantragt und erstellt werden, Auftraggeber haben die Bescheinigungen zu prüfen und zu archivieren.

Übrig geblieben ist also nur noch ein hoher bürokratischer Aufwand für alle Beteiligten, der keinen echten Nutzen mehr bringt. Zeit, den Steuerabzug zu überdenken.

BEIPACKZETTEL/ PACKUNGSBEILAGE

Wenn es um die Sicherheit von Medikamenten geht, bin ich glücklich und zufrieden, dass wir durch zahlreiche Vorschriften bei der Zulassung und Herstellung vor Nebenwirkungen und Gesundheitsschäden bewahrt werden. Kann ich doch sicher sein, dass ein Arzneimittel, das ich in Europa kaufen kann, die Gesundheit meiner Familie nicht gefährden wird.

Damit ich auch bei der Anwendung keine Fehler machen kann, ist für jedes Medikament eine Packungsbeilage, besser als Beipackzettel bekannt, vorgeschrieben. EU und Bundesregierung haben sich intensive Gedanken darüber gemacht, wie ein Beipackzettel aussehen soll. Vor der Zulassung eines Medikaments muss auch der Beipackzettel eingereicht und abgesegnet werden. Um es den Unternehmen einfacher zu machen, gibt es amtliche Muster, an denen sich ein Pharmahersteller orientieren kann.

Fraglich ist nur, ob die amtlichen Muster wirklich in jedem Fall sinnvoll genutzt werden oder ob die Regelungen durch die Obrigkeit wieder einmal zu weit gehen. Bei einem Medikament für Kleinkinder kamen mir daran ernsthafte Zweifel.

Es handelte sich um ein Zahnungsgel, das die Beschwerden des Kleinkinds bei den ersten Milchzähnen lindern soll. So steht es auch im Beipackzettel unter »Anwendungsgebiet«. Brav lese ich natürlich den gesamten Text durch, bevor ich meinem Sohn das Mittel gebe. Gegen Ende bekomme ich aber doch Zweifel, ob derjenige, der diese Verbraucherinformationen geschrieben hat, wirklich darüber nachdenkt, um welches Medikament es geht. Mir scheint es eher, als habe er die Vorlage der Behörden ausgefüllt, ohne nachzudenken. Wie sonst lässt sich erklären, dass auch folgende Punkte aufgeführt sind?

»Verkehrstüchtigkeit und das Bedienen von Maschinen: keine besonderen Vorsichtsmaßnahmen erforderlich.« Darüber lässt sich streiten. Sollte mein einjähriger Sohn auf die Idee kommen, Auto zu fahren oder eine Maschine zu bedienen, halte ich eine ganze Menge Vorsichtsmaßnahmen für erforderlich. Die erste dürfte sein, ihn sofort von seinem Vorhaben abzubringen.

Auch der Punkt »Schwangerschaft und Stillzeit« ist erwähnt. Hier finde ich die beruhigende Auskunft, dass dieses Thema ausgelassen wird, weil das Medikament zur Anwendung bei Kindern gedacht ist und Schwangerschaften hier nicht von Bedeutung sind.

Ein wenig Recherche liefert schnell die Erklärung für diese zwar richtigen, aber völlig unsinnigen Informationen. Für die Erstellung von Packungsbeilagen gibt es nicht nur Muster und Vorschriften für Aufbau und Inhalt, sondern auch vorgefertigte Textbausteine zu bestimmten Abschnitten der Information, die von den Genehmigungsbehörden bereitgestellt werden. Will ein Hersteller seine Informationen reibungslos genehmigt bekommen, bedient er sich so weit wie möglich dieser Textbausteine. So tauchen dann Informationen im Beipackzettel auf, die zwar nicht falsch, aber auch nicht zielführend sind. Immerhin sehen die Regelungen für Beipackzettel vor, dass die Hinweise zu Schwangerschaft und Stillzeit bei Medikamenten, die ausschließlich Männern verordnet werden, entfallen können.

Das gibt mir ein wenig Hoffnung: Vielleicht finden wir in Zukunft nicht nur Dokumente nach amtlichem Muster, sondern mit Verstand und nützlichen Informationen in der Arzneimittelschachtel.

Aber falls jemand eine Idee sucht, was man bei Beipackzetteln noch regeln könnte: Wie wäre es, endlich einmal eine Faltmethodik zu entwickeln, mit der man die Dinger nach dem Lesen wieder in die Packung bekommt?

BESCHEIDERKLÄRER

Nichts ist aufwendiger für eine Behörde als Widersprüche der Bürger. Besonders groß ist die Zahl der Widersprüche und Klagen im Bereich der Sozialleistungen wie Arbeitslosengeld II, besser bekannt als Hartz IV. Das ist auch nicht anders zu erwarten, sind die Regelungen des SGB II doch alles andere als leicht verständlich und geht es doch um die Sicherung des Existenzminimums. Die Regelungen sind so umfangreich, dass es kaum noch möglich erscheint, die Rechtslage eindeutig zu klären. Sollen die Bescheide für den Kunden, wie der Hartz-IV-Bezieher offiziell im Jobcenter heißt, verständlich bleiben, sind umfangreiche Erläuterungen nicht zu vermeiden. So wird der normale Bescheid für eine mehrköpfige Familie schnell 15 bis 20 Seiten lang.

Den Vogel hat das Jobcenter Dresden abgeschossen. Dort wurde ein 75 Seiten langer Bescheid verschickt. Kein Wunder also, wenn die Kunden nicht mehr nachvollziehen können, warum welche Leistung bewilligt oder gestrichen wird.

Es gibt Schätzungen, dass jeder dritte Bescheid der Jobcenter fehlerhaft ist. Pro Jahr ergehen nach Schätzungen 150.000 falsche Leistungsbescheide. Ein Grund dafür könnte die Personalauswahl in den Jobcentern sein. Ein großer Teil der Mitarbeiter ist mit Zeitvertrag eingestellt und muss bereits nach kurzer Einarbeitung eine große Anzahl Hilfesuchender betreuen. Über eine Verwaltungsausbildung verfügen nur wenige der Sachbearbeiter, viele kommen dagegen aus Sozialberufen. Das Ergebnis: Der Sachbearbeiter selbst kann die Ergebnisse seiner Arbeit nicht mehr nachvollziehen und erklären. Der Kunde versteht schon gar nicht mehr, was in seinem Bescheid steht, und legt erst einmal Rechtsmittel ein. Die Bearbeitung der Vorgänge zieht sich in die Länge und kostet die Verwaltung Geld. Kosten und Arbeitsaufwand bei der Bearbeitung dieser Flut an Rechtsbehelfsverfahren will man mit vielen Mitteln reduzieren.

Ein Versuch hierzu ist der Bescheiderklärer. Dieser Spezialist soll den Kunden im Jobcenter ihren Hartz-IV-Bescheid erklären und damit die Klagen und Widersprüche reduzieren. Die Fernsehsendung *Report Mainz* hat 2010 den ersten Bescheiderklärer bei der Arbeit beobachtet. Nicht nur den Kunden musste er die Bescheide erklären, sondern auch den Kollegen, die die Bescheide erstellt hatten. Danach gab es dann für den Hilfesuchenden eine korrekte Berechnung seiner Leistungen – ohne ein Widerspruchsverfahren. Ziel erreicht: Rechtsbehelfsverfahren verhindert. Denn unter dem Begriff »Widerspruchsprävention« wird der Bescheiderklärer eingesetzt.

Die Frage aber ist, warum ein amtlicher »Erklärbär« überhaupt benötigt wird. Derjenige, der einen Leistungsbescheid erstellt, sollte in der Lage sein, ihn auch zu erklären und zu begründen. Dazu ist die Sozialverwaltung sogar verpflichtet. Nach dem Sozialgesetzbuch muss der Zugang zu Sozialleistungen möglichst einfach gestaltet sein.

Doch wer sich einmal die Mühe macht, die Unterlagen für einen Hartz-IV-Antrag anzusehen, kann darüber nur müde lächeln. 20 verschiedene Formulare können bei einem Antrag zusammenkommen. Leben mehrere Personen im Haushalt, werden viele davon gleich mehrfach benötigt – das ergibt gerne mal über 50 Seiten. Vielleicht sollte man noch einen zusätzlichen Erklärer für die Formulare einsetzen, damit schon die Anträge richtig gestellt werden können. Mit ein bisschen Glück wird dann der Bescheiderklärer ja überflüssig.

BILDSCHIRMARBEITS-VERORDNUNG

Als Computer zunehmend Einzug in Büros hielten, häuften sich die Bedenken zu gesundheitlichen Folgen für Arbeitnehmer, die mit der neuen Technik arbeiten sollten. Zum Schutz der Arbeitnehmer wurden die Bürokraten aktiv.

Gleich in drei verschiedenen Verordnungen beschäftigt man sich mit der gesundheitlich unbedenklichen Gestaltung der Arbeit am Monitor. Erste Regelungen wurden schon 1989 mit der Rahmenrichtlinie zur Arbeitssicherheit getroffen. 1990 folgte die EU-Bildschirmrichtlinie. Die Umsetzung in nationales Recht erfolgt in Deutschland durch das Arbeitsschutzgesetz, die Bildschirmarbeitsverordnung und Unfallverhütungsvorschriften zur Arbeit an Bildschirmgeräten.

Darin ist genau geregelt, was ein Bildschirmarbeitsplatz ist und wie er auszusehen hat. Zuerst beschäftigen sich die Regelungen mit umfangreichen Definitionen eines Bildschirmarbeitsplatzes. Der Leser erfährt dabei unter anderem, dass eine klassische Schreibmaschine auch dann kein Bildschirmarbeitsplatz ist, wenn sie ein Display besitzt. Aber auch ein Laptop, der nicht regelmäßig an einem Arbeitsplatz eingesetzt wird, fällt nicht unter die Bildschirmarbeitsverordnung.

Alles wird ganz präzise festgehalten: Angefangen bei den technischen Vorgaben für den Monitor bis hin zu den Größen von Schreibtisch und Ablagen, der Höhe von Tisch und Stuhl und dem Abstand zwischen Monitor und Benutzer. Es ist sogar festgelegt, dass die Tastatur unabhängig vom Monitor auf dem Schreibtisch bewegt werden kann und eine Maximalhöhe von 3 Zentimetern, gemessen an der Taste c, nicht überschritten werden darf. Die Tischplatte muss mindestens 80 Zentimeter tief und 1,60 Meter breit sein. Weiter geht es mit Anforderungen an die Bewegungsfreiheit, den Bürostuhl und die Beleuchtung des Arbeitsplatzes.

Bis ins kleinste Detail ist beschrieben, wie man sich einen idealen Bildschirmarbeitsplatz vorstellt. Schade nur, dass die technische Entwicklung den Richtlinien regelmäßig davonläuft. So gibt es noch umfassende Regeln für den Einsatz von Röhrenmonitoren und Anweisungen, den Arbeitsablauf so zu gestalten, dass nur ein Teil der täglichen Arbeitszeit am Bildschirm gearbeitet wird.

Röhrenmonitore sind inzwischen fast völlig aus modernen Büros verschwunden, sodass diese Bestimmungen für die Praxis weitgehend bedeutungslos geworden sind. Dafür ist es immer schwieriger, einen Büroarbeitsplatz so zu gestalten, dass die Arbeit am Bildschirm nur eine geringe Bedeutung hat. War das in der Vergangenheit durch das Studium von Papierakten und ähnliche Tätigkeiten noch vergleichsweise leicht zu erreichen, gehören elektronische Akten und Dokumente heute zum Standard in großen Unternehmen und in der Verwaltung. Seit 2013 setzt auch die Agentur für Arbeit eine elektronische Akte ein, die vollständig am Bildschirm bearbeitet werden kann. Wie der Sachbearbeiter dabei noch einen nennenswerten Teil seiner Arbeitszeit ohne Bildschirmtätigkeit verbringen soll, ist fraglich.

Andere Vorschriften stellen besonders kleinere Unternehmen vor Probleme. Sie müssen Mitarbeitern, die am Bildschirm arbeiten, regelmäßige Untersuchungen der Augen durch eine fachkundige Person anbieten. Gemeint ist dabei vermutlich ein Betriebsarzt. Werden bei der Untersuchung gesundheitliche Probleme erkannt, muss der Arbeitgeber seinem Mitarbeiter eine spezielle Bildschirmarbeitsplatzbrille beschaffen. Da es sich dabei um ein Arbeitsmittel handelt, sind die Kosten vom Arbeitgeber zu tragen. Die Kosten einer solchen Spezialbrille sind nicht unerheblich. Müssen gleich mehrere Mitarbeiter mit diesen Arbeitsmitteln ausgestattet werden, belastet das ein kleines Unternehmen erheblich. Auch wenn die Brille Eigentum des Arbeitgebers bleibt, ist das kein Trost. Verlässt der Mitarbeiter das Unternehmen, wird sein Nachfolger damit im Gegensatz zu den meisten anderen Arbeitsmitteln wenig anfangen können.

BIOPRODUKTE

Bio ist 'ne tolle Sache. Man ist sich sicher, dass man gesunde Produkte zu sich nimmt und dabei auch noch etwas Gutes für die Umwelt tut. Für das gute Gewissen geben wir gerne etwas mehr Geld aus. Schließlich soll der Erzeuger ja auch anständig leben können.

Dass so viel Gutes nicht ohne Regularien auskommt, ist eigentlich klar. Nur so kann sichergestellt werden, dass nicht ein Geschäftemacher einfach das Etikett »Bio« auf seine konventionell erzeugten Produkte klebt.

Stutzig macht einen nur, dass Bioprodukte inzwischen schon beim Discounter auftauchen und in Massen angeboten werden. Das ist Anlass genug nachzusehen, welche Produkte sich überhaupt »bio« nennen dürfen.

Das Erste, das man dabei lernt, ist, dass bio und bio noch lange nicht das Gleiche ist. Neben einer großen Zahl von Biosiegeln privater Organisationen wie Demeter, Bioland und anderen gibt es auch staatlich kontrollierte Biosiegel – natürlich auch ein deutsches und ein europäisches.

Bei der Gründlichkeit der Bundesregierung und der EU würde man eigentlich erwarten, dass von dort die strengsten Bionormen kommen. Weit gefehlt.

Die lockerste Richtlinie für Biolebensmittel kommt ausgerechnet aus Brüssel. Hier scheinen wirtschaftliche Interessen vor den Interessen der Verbraucher und Käufer gegangen zu sein.

Wer Bioprodukte kauft, tut dies häufig, um keine Zusatzstoffe auf dem Teller zu haben.

Wer das EU-Biosiegel verwenden möchte, darf immerhin noch rund 50 Zusatzstoffe verwenden, zu denen auch natürliche Aromen gehören. Als natürliches Aroma darf ein Aromastoff ausgewiesen werden, der chemisch mit den in der Natur vorkommenden identisch ist. Das bedeutet, dass das Aroma im Labor nachgebastelt werden darf. Dabei können zum Beispiel Schimmelpilzkulturen genutzt werden, um Pfirsich-, Kokos- oder Nussaroma herzustellen. Früher hießen diese Aromastoffe wenigstens noch naturidentische Aromen. Heute werden sie gleich als natürliche Aromen deklariert, damit der Kunde noch weniger merkt, dass sein Pfirsichgeschmack von einem Schimmelpilz kommt.

Damit nicht genug. Verbraucher greifen auch deshalb zu Biolebensmitteln, um gentechnisch veränderten Lebensmitteln aus dem Weg zu gehen. Auch chemische Dünger und Pflanzenschutzmittel erwartet man nicht auf einem Bioacker. Irgendjemand muss das beim Abfassen der EU-Biorichtlinie aber verdrängt haben. Es darf nicht nur Dünger zugekauft werden, ohne dass der Betrieb sein Biozertifikat verliert. Es darf sogar Gülle, Jauche oder Geflügelmist aus konventioneller Tierhaltung auf den Bioacker kommen. Ob darin möglicherweise auch Stoffe zu finden sind, die mit Bio gar nichts zu tun haben, spielt keine Rolle. Kommt die Gülle aus konventioneller Landwirtschaft, landet vielleicht schon ein Antibiotikum aus der Tiermast auf dem Ökoacker. Studien haben hier immerhin mehr als 60 Wirkstoffe gefunden, die durch Gülledüngung in Pflanzen eingelagert wurden. Hätten es die obersten Verbraucherschützer bei der Bioverordnung ernst gemeint, wären konventionelle Dünger auf dem Bioacker vollständig verboten.

Auch beim Tierfutter sieht man es bei EU-Bioprodukten eher locker. Verlangen Bioverbände wie Bioland oder Demeter, dass mindestens 50 Prozent des Tierfutters vom eigenen Biohof kommen, darf nach EU-Verordnung frei zugekauft werden. Eine Liste von 80 Produkten, die im Futter enthalten sein dürfen, lässt weiter am Biogedanken zweifeln. Was, bitte schön, haben Soja und Zitrusfrüchte im Futter einer Milchkuh verloren?

Sogar ein Anteil von 0,9 Prozent gentechnisch veränderten Materials darf im fertigen EU-Bioprodukt enthalten sein.

Bei einem war man aber ganz genau: bei der Dokumentation und Kontrolle der Vorgänge auf dem Biohof. Es muss nicht nur alles dokumentiert werden, was auf den Hof gelangt und den Hof verlässt. Auch jeder Verarbeitungsschritt ist zu erfassen. So kann man bei Beanstandungen genau zurückverfolgen, wo ein Problem entstanden ist. Aber im Betrieb verursacht das enormen Verwaltungsaufwand. Wer bei Biobauern also an alternativ orientierte Landwirte denkt, die in alter Manier ihre Äcker bestellen, ist auf dem Holzweg. Angesichts der zahlreichen Dokumentationspflichten und Auflagen gleicht der moderne Biobauer eher einem Buchhalter mit hochwertiger EDV-Ausstattung, der gewissenhaft jeden Vorgang im Betrieb dokumentiert. Vorbei ist es mit dem malerischen Bild aus Großvaters Zeiten.

Vertrauen ist gut, Kontrolle ist besser. Dieser Ratschlag wird zwar Lenin zugeschrieben, ist aber auch in allen kapitalistischen Bürokratien weltweit heute noch modern. Einmal jährlich muss eine zugelassene Öko-Kontrollstelle den gesamten Betrieb überprüfen. Zusätzliche unangemeldete Kontrollen sollen die Einhaltung der Qualitätskriterien endgültig sicherstellen.

Wirklich schade, dass dem ganzen Dokumentationsaufwand nur recht geringe Anforderungen zugrunde liegen. Das ist dann wohl auch der Grund, warum sich viele Biobetriebe gleich mehrfach zertifizieren lassen. Neben der EU-Zertifizierung kommen noch ein paar Biosiegel von Verbänden auf die Produkte. Die genießen zwar ein größeres Vertrauen der Verbraucher, bringen mit strengeren Anforderungen aber gleich auch noch ein paar zusätzliche Dokumentationspflichten mit sich.

Die Vorschriften reichen von strengeren Vorgaben bei Futtermitteln bis zum Einsatz biodynamischer Präparate zur Aktivierung der Äcker. Sind die höheren Anforderungen an die ökologische Gewinnung von Futtermitteln noch nachvollziehbar, scheinen manche biodynamische Verfahren eher aus dem Bereich der Esoterik zu stammen. Der Demeter-Verband setzt auf den Einsatz von Hornkiesel zur Aktivierung kosmischer Kräfte bei der Lebensmittelerzeugung. Dazu wird Bergkristall zermahlen und den Sommer über in einem Kuhhorn eingegraben. Im Herbst wird das Ganze wieder ausgegraben und als Spritzmittel auf den Acker aufgebracht. Ähnlich funktioniert die Gewinnung von Hornmist. Hier wird ein mit Dung gefülltes Kuhhorn über den Winter im Acker vergraben. Der Dung wird im Frühjahr zu einem Spritzpräparat verarbeitet, das in homöopathischen Dosen den Boden aktivieren soll.

Wie man sieht, finden sich auch in privaten Organisationen und Verbänden Regelungen und Vorschriften, die nicht jedem Normalverbraucher verständlich sind. Ob er diese Verfahren gut findet und bereit ist, dafür den höheren Preis an der Reformhauskasse zu zahlen, muss am Ende jeder Kunde für sich entscheiden.

BOLOGNA-PROZESS

Wer Architektur studiert, kann später als Architekt arbeiten und sich in diesem Beruf auch selbstständig machen. Diese Annahme entspricht zumindest dem gesunden Menschenverstand, und bis 1999 konnte man auch in Deutschland noch davon ausgehen, dass sie zutrifft. Doch dann tagten die Bildungsminister der Europäischen Union und stellten vieles, was bisher galt, auf den Kopf. Ihr Ziel war eine einheitliche Hochschullandschaft in Europa, als sie 1999 in Bologna eine gemeinsame Erklärung unterzeichneten.

Studenten sollten innerhalb Europas an verschiedenen Universitäten studieren können und dabei keine Zeit mehr verlieren, weil die Prüfungen und Scheine untereinander anerkannt werden. Durch europaweit vergleichbare Studienabschlüsse sollte auch die Mobilität nach dem Studium steigen.

In den folgenden Jahren wurde in Deutschland eine umfangreiche Hochschulreform in Gang gesetzt. Für Studenten und Arbeitgeber zeigten sich die Auswirkungen zunächst einmal in der veränderten Bezeichnung der Abschlüsse. Inzwischen wird ein Studium in Deutschland nicht mehr mit einem Diplom, sondern einem Abschluss als Bachelor oder Master beendet.

Studenten mussten sich mit strengeren Studienvorschriften und weniger Zeit für ihr Studium anfreunden. Der Vorteil lag in teilweise verkürzten Studienzeiten. Die Absolventen der neuen Studiengänge hatten jedoch zuerst Probleme, potenzielle Arbeitgeber von der Qualität ihres Abschlusses zu überzeugen. Bei den jahrzehntelang gewohnten Diplomen war zumindest in Deutschland allen Arbeitgebern klar, was sie erwarten konnten. Wie die neuen Abschlüsse zu bewerten sind, wussten sie zunächst nicht.

Die anfängliche Begeisterung über eine Verkürzung der Studienzeiten hat sich inzwischen gelegt. Studenten klagen darüber, dass die Studiengänge zu straff organisiert sind und die Ausrichtung viel zu sehr auf eine spätere berufliche Tätigkeit ausgerichtet ist. Prüfungsdruck und Studienbelastung seien deutlich angestiegen. Andere Kritiker beklagen den Untergang der humanistischen Bildung.

Wer das Studium schließlich mit einem Bachelorabschluss gut hinter sich gebracht hat, muss danach nicht selten feststellen, dass er damit seine beruflichen Ziele noch nicht erreicht hat, weil die Studienreformen zwar der europäischen Einheitlichkeit dienten, aber nicht im Einklang mit nationalen Berufsvorschriften stehen.

So wurde an einigen Fachhochschulen die Studiendauer für den Abschluss als Bachelor der Architektur auf drei Jahre festgelegt. Wer nun denkt, mit einem abgeschlossenen Architekturstudium als selbstständiger Architekt arbeiten zu können, kann später sein blaues Wunder erleben. Mit einem dreijährigen Studium ist in vielen Ländern nur eine selbstständige Tätigkeit als Innenarchitekt, Landschaftsarchitekt oder Stadtplaner gestattet. Die Eintragung in die Architektenrolle, die für eine selbstständige Arbeit als Architekt notwendig ist, verlangt zwischen vier und fünf Jahre Studium plus zwei Jahre Berufserfahrung.

Für Studenten mit Bachelorabschluss bleibt also entweder die Fortsetzung des Studiums bis zum Masterabschluss oder der Abschied vom Traum, als selbstständiger Architekt zu arbeiten. Weil Studienreform und geltende Gesetze und Regelungen der Berufszulassung nicht aufeinander abgestimmt wurden, sind die Leidtragenden in diesem Fall die Studienabsolventen. Nicht wenige stellten erst nach dem Abschluss des Studiums fest, dass ihnen der Wunschberuf verschlossen blieb. Auch der Weg über die Klage vor einem Verwaltungsgericht war erfolglos. Statt selbstständiger Architekt war der Bachelor der Architektur am Ende nur ein besser ausgebildeter Bauzeichner.

Auch wenn die frühere Bildungsministerin Schavan die Reformen als europäische Erfolgsgeschichte verkaufen wollte, sehen die meisten Betroffenen das anders. Unternehmen beklagen die lückenhafte Ausbildung von Absolventen, Studenten klagen über die hohe Belastung durch ein stark schulisch ausgelegtes Studium. Selbst die Hochschulrektorenkonferenz moniert, dass die Reform ihre Ziele weit verfehlt hat.

Wessen Urteil nun zutreffender ist, muss jeder für sich entscheiden. In der Regel wissen die Praktiker, die mit dem Ergebnis einer Reform täglich umzugehen haben, den Erfolg aber besser einzuschätzen als diejenigen, die das theoretische Konzept entwickelt haben.

BUNDESWEHRAPOTHEKEN

Dass die Bundeswehr eigene Apotheken unterhält, die Soldaten mit den notwendigen Medikamenten versorgen, ist nichts Neues und auch nicht grundsätzlich falsch. Auch die von der Bundeswehr betriebenen Krankenhäuser und Lazarette haben mit Sicherheit ihre Berechtigung.

Nach den Vorgaben der Bundeswehr sollen in den eigenen Apotheken vor allem solche Produkte hergestellt werden, die auf dem freien Markt für Arzneimittel und Kosmetika nicht oder nur begrenzt beschafft werden können. So können Soldaten auch im Krisenfall mit notwendigen Medikamenten versorgt werden, um die Einsatzfähigkeit der Bundeswehr sicherzustellen.

Warum aber in diesen Apotheken auch Arzneimittel und kosmetische Pflegeprodukte in großem Maßstab hergestellt werden, die völlig unproblematisch auf dem freien Markt zugekauft werden könnten, ist schwer zu erklären.

Diese Frage beschäftigt auch die Prüfer des Bundesrechnungshofs in ihrem Jahresbericht 2012 intensiv. Sie stellten schon 2008 fest, dass auch Schmerztabletten, Hautpflegemittel und Insektenschutzmittel produziert werden. Es existieren außerdem Anlagen zur industriellen Serienproduktion von Tabletten, Salben und Lösungen. Zu diesem Zweck wurde in Ulm für rund 20 Millionen Euro ein Apothekenneubau errichtet. Die Apotheken produzierten vor allem kleine Mengen kosmetischer Produkte wie Waschlotionen, Hautcremes, Fußspray und Massageöl. Im großen Stil wurden Schmerztabletten, Hustentropfen, Nasenspray, Sonnencreme, Lippenschutzstifte und Insektenschutzmittel hergestellt. Keines dieser Produkte ist auf dem freien Markt schwer zu beschaffen.

Eine Überprüfung der Kalkulationen der Bundeswehr offenbarte weitere Schreckensnachrichten. Die Eigenproduktion vor allem von Schmerzmitteln und Sonnencremes war nicht nur strategisch nicht erforderlich, sondern auch deutlich teurer als der Einkauf auf dem freien Markt. Da man aber mit zu niedrigen Kostenansätzen kalkuliert hatte, war das niemandem aufgefallen. Den finanziellen Verlust beziffert der Bundesrechnungshof auf mehrere Millionen Euro jährlich.

Die Rechnungsprüfer berichten, dass zu allem Überfluss deutlich über dem tatsächlichen Bedarf der Truppe produziert wird. Nicht einmal 10 Prozent der hergestellten Produkte wurden von den Soldaten und Soldatinnen im Einsatz in Afghanistan und Kosovo wirklich benötigt.

Unterhaltsam ist die Argumentation des Verteidigungsministeriums für die Eigenproduktion von Medikamenten. Sie sei erforderlich, um Engpässe in der Arzneimittelversorgung zu vermeiden, da inzwischen vier von fünf Wirkstoffen aus China oder Indien kämen und fast alle Antibiotikawirkstoffe in Ostasien produziert würden.

Für sich betrachtet ist die Argumentation schlüssig und glaubwürdig, stünde nicht eine halbe Seite höher im Bericht der Rechnungsprüfer, dass die teuren Produktionsanlagen der Bundeswehr in Ulm auch deshalb nicht wirtschaftlich genutzt werden können, weil technische Voraussetzungen fehlen und notwendige Grundstoffe nicht bevorratet werden. Woraus die Bundeswehrapotheker im Ernstfall dann die benötigten Medikamente herstellen wollen, wenn auch sie keine Lieferung aus Ostasien beziehen können, erläutert das Verteidigungsministerium leider nicht.

CHEMIKALIENVERORDNUNG REACH

Bevor eine Chemikalie oder ein neuer Stoff in den Handel gebracht wird, sollte dieser auf seine Sicherheit hin überprüft werden. In diesem Punkt sind sich sicherlich alle einig. Auch einer Überwachung dieser Sicherheitsprüfungen wird kaum jemand widersprechen. Daher ist auch in diesem Bereich der Gesetzgeber aktiv geworden.

Am 1. Juni 2007 trat die EU-Chemikalienverordnung REACH (Registration, Evaluation, Authorisation and Restriction of Chemicals) in Kraft. Ziel war eine europäische Harmonisierung des Chemikalienrechts. Ob die ebenfalls angestrebte Vereinfachung tatsächlich erreicht wurde, ist nur schwer nachprüfbar.

Seitdem müssen Stoffe, die von Unternehmen in Mengen von mehr als 1 Tonne jährlich produziert oder in die EU eingeführt werden, registriert werden. Seit 2010 gilt für die meisten Stoffe der Grundsatz: keine Registrierung, kein Handel. Nicht registrierte Stoffe und Verbindungen dürfen in Europa nicht mehr hergestellt oder eingeführt werden.

Je nach Menge des produzierten Stoffs sind zur Registrierung unterschiedlich detaillierte Unterlagen erforderlich. Zunächst einmal muss ein technisches Dossier erstellt werden und es müssen Angaben und Anweisungen zur sicheren Verwendung vorliegen. Sollen mehr als 10 Tonnen eines Stoffs jährlich hergestellt werden, muss zusätzlich ein Stoffsicherheitsbericht weitere Informationen zu Wirkungen und Umwelteinflüssen darstellen. Dazu gehören auch die Darstellung möglicher Risiken und die Beschreibung von Gegenmaßnahmen.

Für Stoffe, die schon vor Einführung der neuen Regelungen auf dem Markt waren, konnte seit 2008 eine Vorregistrierung erfolgen. Bereits dieses Verfahren war eine bürokratische Meisterleistung. Eine Anmeldung konnte nur vornehmen, wer entweder selbst seinen Geschäftssitz innerhalb der EU hat oder einen Vertreter in der EU mit dieser Aufgabe betraut hatte.

Da die Anmeldung für viele Dienstleister ein echtes Geschäft war, boten auch solche Unternehmen die Übernahme der Registrierung für Nicht-EU-Unternehmen an, die keine Niederlassung auf europäischem Boden besaßen und dazu gar nicht berechtigt waren. Der zentralen Registrierungsstelle ECHA in Helsinki war das entweder egal oder es ist niemandem aufgefallen. Jedenfalls wurden die Vorregistrierungen zunächst einmal in die Datenbank aufgenommen. Erst im September 2011 kam man dazu, die Vorregistrierungen zu bereinigen. Dabei wurden dann Datensätze, die nicht weiter bearbeitet worden waren, ebenso gelöscht wie ungültige Registrierungen, die von ausländischen Beratungsunternehmen ohne Sitz in der EU vorgenommen worden waren.

Die Veröffentlichung der Ergebnisse dieser Bereinigung ist ein Zeugnis nutzerfreundlicher Verwaltung: Die umfangreiche Liste mit für ungültig erklärten Registrierungsnummern besteht aus 197 Seiten, gefüllt mit etwa 40.000 18-stelligen Registrierungsnummern. Die Überschrift lautet: »Das ist die Liste der von der ECHA als ungültig eingestuften Registrierungsnummern. Bitte durchsuchen Sie die Liste, ob Ihre Registrierungsnummer enthalten ist.« Fehlt doch nur noch der Nachsatz: »Lieber Nutzer, wir wünschen Ihnen viel Spaß bei der Suche.«

Doch diese Nutzerfreundlichkeit scheint üblich zu sein. Bei der Registrierung sind vielfältige Richtlinien zu beachten. Da es sich um eine europäische Regelung handelt, sollte man davon ausgehen, dass die Dokumente zumindest in den wichtigsten Sprachen der größten Industrieländer der EU vorliegen. Weit gefehlt, schon 2008 monierten BDI und BDA, dass die Richtlinien nicht nur schwer verständlich sind, sondern zudem häufig nur in englischer Sprache vorliegen. Bereits damit sehen sich viele kleinere Unternehmen, die eine Registrierung vornehmen müssen, überfordert.

Die betroffenen Unternehmen sehen die Vorschriften zumindest in Teilen kritisch. So seien die vorgeschriebenen

Sicherheitsdatenblätter zu lang und zu komplex. Vorgesehene Sicherheitsszenarien seien praxisfern und für den Anwender völlig ungeeignet. In der praktischen Erstellung vermissen die Unternehmen eine Standardisierung der Datenbereitstellung. So ist es nur schwer möglich, den Bearbeitungsvorgang zu automatisieren und in der Unternehmens-EDV abzubilden.

2011 kam man schließlich auf den Gedanken, dass nicht nur die Regulierung im Sinne des Verbraucherschutzes besonderes Augenmerk verdient, sondern auch die damit verbundenen Kosten für Unternehmen und Verbraucher. Sowohl der deutsche Normenkontrollrat als auch die Europäische Kommission machten sich an die Arbeit, die Kosten der Regelungen herauszufinden. Dazu wurde allen Unternehmen, die einen Stoff bei der ECHA angemeldet hatten, ein Fragebogen zugesandt. Immerhin bemerkte man in Deutschland, dass die Studie schon von Brüssel aus in Auftrag gegeben war, und sandte keinen eigenen Fragebogen hinterher. Stattdessen griff man auf die bereits erhobenen Daten zu.

Die Ergebnisse der Studie belegen einen enormen Aufwand zur Erfüllung der Registrierungspflichten. Große Unternehmen haben zu diesem Zweck eigene Fachabteilungen eingerichtet, die Registrierungsdossiers bearbeiten und erstellen. Die Kosten für eine einzige Registrierung liegen dabei meist im deutlich sechsstelligen Bereich, 5 Prozent der Registrierungen verursachen sogar Kosten von mehr als 1 Million Euro pro Registrierung.

Dem Markt hat das Registrierungsverfahren mit Sicherheit nicht gutgetan. Mehr als die Hälfte der 2011 befragten Unternehmen gaben an, dass die Regelungen zu einer Preissteigerung geführt und sich ihre Produkte im Vergleich zu Wettbewerbern außerhalb der EU verteuert haben. Zusätzlich verlängert sich durch das Verfahren für 33 Prozent der Unternehmen der Zeitaufwand für die Einführung eines neuen Produktes um mehr als zwei Monate. 20 Prozent der Unternehmen mussten wegen zu hoher Registrierungskosten Produkte vom Markt nehmen. Hier hat die Harmonisierung von Vorschriften zu echten wirtschaftlichen Einbußen im Unternehmen geführt.

Für die Zukunft wird aber noch mehr auf die Unternehmen zukommen. Bis 2010 waren nur Stoffe zu registrieren, die in großen Mengen von mehr als 1.000 Tonnen jährlich hergestellt oder importiert werden. 2013 sinkt die Grenze für die Registrierungspflicht auf 100 Tonnen, ab 2018 auf 1 Tonne. Das weitet den Bereich der betroffenen Unternehmen auch auf viele kleinere Firmen aus, die mit deutlich schwächerer Personal- und Finanzausstattung den Kampf gegen die Registrierungsvorschriften antreten müssen.

Diese Unternehmen erhalten zwar eine Vergünstigung bei den Registrierungsgebühren, müssen sich aber der gleichen Bürokratie stellen. Wünschen wir ihnen viel Erfolg dabei, damit nicht bisher gesunde mittelständische Unternehmen von der europäischen Harmonisierung in den Ruin getrieben werden.

DATENSCHUTZ

Der Schutz der persönlichen Daten ist ein hohes Gut. Wer möchte schon George Orwells Vision eines totalen Überwachungsstaates Realität werden sehen? In Zeiten hochwertiger, schneller Computersysteme ist es technisch kein Problem mehr, auch größte Datenmengen zu filtern und zu verknüpfen, um zum Beispiel besonders kaufkräftige Kunden für ein neues Produkt zu finden.

Doch auch für die Behörden kann die Technik neue Wege aufzeigen. Bereits in den 1970er-Jahren des letzten Jahrhunderts wurde die Rasterfahndung im Kampf gegen Terrorismus eingesetzt. Von den heutigen Möglichkeiten der Datenerhebung und -auswertung hat man damals allerdings nur geträumt.

Bedenken haben Politik und Verbraucher besonders bei der Verarbeitung von Daten durch privat geführte Unternehmen und windige Geschäftemacher. Zum Schutz der Bürger wurde schon in den 1970er-Jahren das erste Datenschutzgesetz in Deutschland verabschiedet. Seit 1995 hat sich auch die EU in die Diskussionen mit der europäischen Datenschutzrichtlinie eingeschaltet.

Ein Bestandteil der Datenschutzbestimmungen ist die Bestellung eines Datenschutzbeauftragten, der die Einhaltung der gesetzlichen Anforderungen überwachen und Verbesserungsvorschläge zum Datenschutz machen soll. Nach geltendem Datenschutzgesetz müssen auch private Unternehmen mit mehr als zehn Mitarbeitern einen Datenschutzbeauftragten benennen, wenn sie personenbezogene Daten in automatisierter, das bedeutet in elektronischer Form bearbeiten. Für den seltenen Fall, dass ein Unternehmen noch vollständig ohne EDV auskommt, wird ein Datenschutzbeauftragter erst ab 20 Mitarbeitern notwendig.

Die Folgen dieser Regulierung kann jeder Kunde beim Onlineshopping bemerken. Er muss nicht nur den allgemeinen Geschäftsbedingungen zustimmen, sondern auch die Datenschutzerklärung und Belehrung über die Nutzung seiner Daten akzeptieren. Für die Unternehmen entsteht ein hoher Aufwand, die Vorschriften gesetzestreu umzusetzen und zu überwachen. Der Kunde wird dagegen mit großen Mengen juristischer Erklärungen überhäuft, die er meist weder versteht noch nachvollziehen kann. Das Ergebnis: Die Erklärungen werden nur selten gelesen, sondern blind akzeptiert. Nicht selten hat der Verbraucher so einem Weiterverkauf seiner Adressdaten zugestimmt, ohne es zu wollen.

Die umfassende Information zur Datenverarbeitung ist zur Desinformation geworden. Ist eine Regelung wirklich praxistauglich, nach der ein Kunde dem Versandhändler erlauben muss, seine Adresse abzuspeichern? Wie bitte soll mich jemand beliefern, der sich meine Anschrift nicht merken darf?

Noch mehr Datenschutz hat sich die EU auf die Fahnen geschrieben. Der Entwurf der europäischen Datenschutzverordnung sieht eine Menge weiterer Rechte für die Bürger vor – angefangen bei einer sehr weiten Auslegung der schutzwürdigen personenbezogenen Daten, die nicht nur direkt zuzuordnende Daten erfasst, sondern auch alle, aus denen sich möglicherweise ein Rückschluss auf die Person ziehen lässt. Dazu gehört dann auch eine Cookie-Datei auf dem PC, mit der ein Onlinehändler unter anderem den Einkauf im Webshop durchführt. Nach den Vorstellungen der EU wäre diese Datei nur noch nach vorheriger Einwilligung des Nutzers erlaubt.

Damit werden wir zwar davor geschützt, dass unser Einkaufsverhalten verfolgt wird und wir anschließend zu unseren Suchbegriffen passend zusammengestellte Angebote erhalten. Doch was könnten die Folgen sein? Müssen wir in Zukunft bei jeder Internetseite, die wir besuchen, eine Datenschutzerklärung durchlesen und zustimmen, dass ein Cookie auf unserem Rechner abgelegt wird? Am besten werden die Unternehmen sich zu ihrem Schutz die Zustimmung auch noch mit einer elektronischen Signatur bestätigen lassen. Sollte das die Zukunft des Onlineshoppings sein, werden viele Nutzer bald wieder den Komfort von Ladengeschäften zu schätzen wissen. Damit hätte das Datenschutzrecht einen guten Nebeneffekt: Die Innenstädte werden wieder voller und der lokale Einzelhandel freut sich über Umsatzzuwächse.

Datenschutz an sich ist sicherlich notwendig und von allen gewünscht. Doch sollten sich die Regelungen auf das notwendige Mindestmaß beschränken. In einer Zeit, in der so mancher über soziale Netzwerke die letzten Details seines Privatlebens freiwillig Tausenden von Internetnutzern offenbart, scheint es wenig zielführend, jede kleinste Information, die im Geschäftsleben ausgetauscht werden muss, wie ein Staatsgeheimnis schützen zu wollen. Die wirklichen schwarzen Schafe werden sich auch über diese Regelungen hinwegsetzen und uns weiterhin mit Werbung überhäufen. Dazu müssen sie lediglich ihren Geschäftssitz auf eine entlegene Insel verlegen, die kein Rechtshilfeabkommen mit der EU hat.

EDV IN BEHÖRDEN

»Ende der Vernunft«, so übersetzten schon vor Jahren viele Nutzer die Kurzbezeichnung ihrer technischen Abteilung für Datenverarbeitung und spielten damit auf die nicht immer logischen Bedienschritte von Computerprogrammen an.

Das Ende der Vernunft ist auch beim Einkauf von Soft- und Hardware durch die öffentliche Hand näher, als es dem Steuerzahler und seinen Interessenvertretern vom Bundesrechnungshof lieb sein kann. In ihrem Jahresbericht 2012 widmeten sich die Rechnungsprüfer besonders den EDV-Ausgaben in verschiedenen Behörden und Institutionen.

Im Bundesversicherungsamt waren bei der Prüfung 100 Laptops nicht mehr auffindbar. Dass die Geräte offensichtlich noch niemand vermisst hat, gibt natürlich Anlass zu der Frage, warum und für wen die Anschaffung einmal erfolgte. Unterstellen wir für einen Laptop mit vollständiger Software einen Anschaffungspreis von 2.000 Euro, sind immerhin Gegenstände im Wert von insgesamt 200.000 Euro einfach verschwunden. Stellen wir uns lieber nicht vor, dass die Behörde mit der gleichen Sorgfalt ihre Aufgabe als Aufsichtsbehörde für Träger der gesetzlichen Kranken- und Rentenversicherung ausübt.

Vielleicht tauchen die Rechner ja in der Physikalisch-Technischen Bundesanstalt (PTB) wieder auf. Dort fanden die Prüfer 4.350 Computer in den Büchern. An sich keine ungewöhnliche Zahl für eine Behörde, bis auffiel, dass die PTB nur 1.800 Mitarbeiter hat. Dass heute beinahe jeder Mitarbeiter einen PC benötigt, ist unstrittig, wozu die übrigen 2.550 Rechner eingesetzt werden, konnte aber niemand beantworten.

Die Rechnungsprüfer stellten aber fest, dass 145 Mitarbeiter Zugriff auf die Bestandsverzeichnisse haben und keine klaren Regelungen für die Erfassung der Geräte vorliegen. Die Vermutung liegt nahe, dass die überzähligen 2.550 Computer nicht irgendwo in den Gebäuden verschollen sind, sondern die Erfassung der EDV so nachlässig ist, dass viele Geräte mehrfach eingebucht wurden.

Ebenso fehlt ein Überblick über die eingesetzte Software, die in einer selbst entwickelten Datenbank verwaltet wird. Der Rechnungshof musste feststellen, dass in vielen Fällen weit mehr Softwarelizenzen als benötigt eingekauft worden waren. In anderen Fällen wurden Programme mehrfach verwendet, ohne ausreichende Lizenzen zu haben. Warum eine

Behörde sich den Luxus leistet, eigene Bestandsverwaltungsprogramme zu benutzen, anstatt professionelle Systeme zu verwenden, wie sie für jeden Betrieb der Privatwirtschaft von der Stange angeboten werden, ist nicht zu ergründen.

Bei ähnlichen Vorgängen in einem privatwirtschaftlichen Unternehmen würde das Finanzamt bei einer Betriebsprüfung Sturm laufen. Bei derartigen Unstimmigkeiten in der Führung der Anlagebestände dürfte schnell die gesamte Buchhaltung angezweifelt werden. Die folgende Steuerschätzung wäre das sichere Ende des Unternehmens.

ELTERNGELD

Junge Eltern haben nach der Geburt eines Kindes eine ganze Menge Ängste und Sorgen. Besonders beim ersten Kind ist alles neu und es gibt verständliche Unsicherheiten. Zumindest die finanzielle Unsicherheit sollte durch die Möglichkeit, Elterngeld zu beziehen, abgemildert werden.

Spannend wird es dann, wenn die stolzen Eltern versuchen, die Leistung zu beantragen, und der Weg durch die Mühlen der Bürokratie losgeht. Zuerst müssen Gehaltsabrechnungen zusammengetragen werden, dann werden Bescheinigungen über genommene Elternzeit und Mutterschaftsgeld benötigt. Gab es in der Vergangenheit mehrere

Arbeitgeber oder hat sich der Verdienst nachträglich verändert, liegt jetzt schon ein ansehnlicher Berg Papiere vor den Eltern. Jede Lohnabrechnung und jede Nachberechnung der letzten beiden Jahre gehört als Anlage mit zum Antrag.

Besonders kompliziert wird es, wenn ein Selbstständiger Elterngeld beantragen möchte. Stellt er seine Tätigkeit während des Bezugs von Elterngeld ganz ein, verliert er seine Kunden, arbeitet er begrenzt weiter, wird das Einkommen aus der Tätigkeit auf das Elterngeld angerechnet. Damit das Elterngeld berechnet werden kann, muss er eine Schätzung der Einnahmen für die Zukunft abgeben. Die Schätzung kann durch den Steuerberater, einen Buchführungsdienst oder den Antragsteller selbst erfolgen.

Sind alle Unterlagen endlich zusammengetragen, beginnt das Warten auf den Elterngeldbescheid. Besonders, wenn viele Belege über bisheriges Einkommen vorliegen und noch nach der Geburt weitergearbeitet wird, ist die Berechnung des Elterngeldes sehr aufwendig. Am einfachsten ist die Festsetzung, wenn vor und nach der Geburt kein Einkommen erzielt wird, denn dann wird der festgelegte Mindestbetrag gezahlt.

Bereits 2009 wurde der Prozess der Elterngeldbeantragung im Rahmen des Bürokratieabbauprogramms der Bundesregierung untersucht. Der Abschlussbericht trägt den optimistischen Titel »Leichter zum Elterngeld«. Die reinen Bearbeitungszeiten von Elterngeldanträgen lagen in den untersuchten Kommunen zwischen 24 Minuten bei Anträgen ohne Einkommensberücksichtigung und 224 Minuten bei

Elterngeldanträgen, die aufwendigere Berechnungen erfordern. Neben der reinen Bearbeitungszeit müssen aber noch Wartezeiten einkalkuliert werden.

Bis tatsächlich ein Bescheid bei den Eltern ankommt, können in manchen Gemeinden Monate vergehen. Selbstverständlich wird auch erst nach der Erstellung des Bescheids das erste Elterngeld ausgezahlt. So kann es vorkommen, dass erst Monate nach der Antragstellung endlich das Elterngeld bei den – hoffentlich noch immer glücklichen – Eltern eingeht.

Die Misere ist seit Einführung des Elterngeldes bekannt. Durch die Kopplung der Leistung an die Einkommenseinbuße durch die Elternzeit sind teilweise umfangreiche Kalkulationen nötig, um überhaupt bestimmen zu können, wie hoch der Anspruch tatsächlich ist. Mit diesem Aufwand sind die Elterngeldstellen in Teilen offensichtlich überfordert.

Nach einem Bericht der *Bild*-Zeitung vom Dezember 2012 wurde die Elterngeldstelle im Berliner Stadtteil Charlottenburg-Wilmersdorf schon zeitweise für Besucher geschlossen, damit die Sachbearbeiter eine Chance hatten, den Bearbeitungsrückstand der Elterngeldanträge aufzuarbeiten. Den betroffenen Familien ist mit einer Leistung, die mit großer Verzögerung eine mögliche Einkommenseinbuße ersetzt, nicht geholfen. Anstelle einer finanziellen Entlastung kann das Elterngeld zu einem Problem für die junge Familie werden, wenn die Eltern mit der Zahlung kalkuliert haben, aber das Geld erst Monate später ankommt.

Gut gemeint ist wieder einmal nicht gut gemacht. So mancher Familie wäre mit einer einkommensunabhängigen, aber dafür zuverlässigen und zügigen Unterstützung, wie es das frühere Erziehungsgeld war, mehr geholfen.

Fachleute kennen das Problem schon seit 2007. Die ersten Gegenmaßnahmen sind schon ergriffen: Wir bekamen schon im Geburtsvorbereitungskurs den Hinweis, frühzeitig alle für den Elterngeldantrag notwendigen Unterlagen zu besorgen und uns mit der Materie zu befassen. Die Hebamme wusste offensichtlich, wovon sie sprach.

ENERGIEEINSPARVERORDNUNG (ENEV)

Energieeinsparung ist ein wichtiges Thema in Europa. In regelmäßigen Abständen kommen neue Vorgaben in den verschiedensten Bereichen aus Brüssel. Teuer wird es für die Bürger, wenn die Vorschriften sich auf die Modernisierung von Immobilien beziehen.

In der Energieeinsparverordnung EnEV wird nicht nur vorgeschrieben, welche Standards ein Neubau im Hinblick auf den Energieverbrauch zu erfüllen hat, auch für Altbauten gibt es strenge Vorgaben, wie Modernisierungen durchgeführt werden müssen.

Einige Regelungen greifen erst dann, wenn ein bestimmter Teil eines Altbaus erneuert oder modernisiert wird. Andere Vorschriften sind dagegen so gestaltet, dass der Eigentümer zur Modernisierung gezwungen wird. So dürfen seit 2011 bestimmte Heizungsanlagen, die vor 1978 eingebaut wurden, in Mehrfamilienhäusern nicht mehr betrieben werden.

Für die Modernisierung von Altbauten sind umfassende Vorschriften enthalten, nach denen Wände, Fenster, Türen und Dächer zu dämmen sind. So sollen Immobilieneigner verpflichtet werden, den Energieverbrauch zu senken. Die Folgen dieser Vorschriften bekommen die Eigentümer gleich mehrfach zu spüren.

Durch die höheren energetischen Anforderungen verteuert sich zunächst einmal eine Renovierung. Nicht nur dadurch, dass bestimmte Materialien verwendet werden müssen, sondern auch durch vorgeschriebene zusätzliche Arbeiten. Bereits mit der Energieeinsparverordnung von 2009 waren Vermieter verpflichtet, eine Dachdämmung oder eine Dämmung der obersten Geschossdecke unter dem Dach einzubauen. Auf den ersten Blick erscheint die Vorschrift sinnvoll, steigt doch, wie wir im Physikunterricht gelernt haben, Wärme nach oben und entweicht bei einem ungedämmten Dach ungenutzt nach außen. Bei so manchem Altbau wird damit also viel Heizleistung an die Umgebung abgegeben.

Doch wie so oft müssen Immobilieneigner, die sich an diese Vorschrift gehalten haben, hinterher feststellen, dass man in einem komplexen System, wie es eine Immobilie nun einmal ist, nicht einfach einen Bestandteil verändern kann, ohne dabei verschiedene Nebenwirkungen auszulösen. Bei so manchem älteren Gebäude sind die Nebenwirkungen einer solchen Dämmung enorm. Kann keine Wärme mehr nach oben entweichen, gilt für Feuchtigkeit leider oft das Gleiche. Die Folge ist nicht selten Schimmelbildung in den Räumen oder eine zunehmende Feuchtigkeit im Dachstuhl.

Während Neubauten heute mit aktiven Belüftungssystemen geplant werden, die auch die Feuchtigkeit ableiten, ist der nachträgliche Einbau solcher Anlagen in einem Altbau nicht zu finanzieren. Setzt der Eigentümer alle Empfehlungen und Anforderungen zur Wärmedämmung um, wird er beinahe zwangsläufig Feuchtigkeitsprobleme in sein Gebäude einbauen. Vielen Dank an unsere Energiesparkommissare. Dass der folgende Schimmelbefall nicht besonders gesundheitsförderlich sein kann, dürfte niemand anzweifeln.

Einzelhandel und Handwerk haben sich aber bereits darauf eingestellt. Darum sind inzwischen in jedem Winter in den Baumärkten große Sonderaufbauten mit Raumtrocknern und Schimmelbekämpfungsmitteln zu finden. Vor wenigen Jahren war die Nachfrage noch gering. Inzwischen bieten sogar schon die Lebensmitteldiscounter elektrische Raumluftentfeuchter an.

Die schönen Vorgaben zur Energieeinsparung haben also nicht nur für das Baugewerbe zusätzliche Aufträge gebracht. Auch der Einzelhandel wurde mit einem neuen Absatzmarkt für die notwendigen Folgeprodukte beglückt. Einzig die Bewohner der nach Vorschrift sanierten Gebäude sind weniger glücklich. Sie haben nicht nur die Folgekosten zu tragen, sondern müssen sich auch mit den möglichen Langzeitwirkungen der energetischen Sanierung auseinandersetzen.

Bereits 2005 merkte die Vereinigung der Landesdenkmalpfleger in Deutschland an, dass eine Dachstuhldämmung bei Baudenkmälern nicht selten dazu führt, dass jahrhundertealte Dachstühle nach nur wenigen Jahren massive Feuchtigkeitsschäden aufweisen, weil sich stauendes Schwitzwasser den alten Balken schwer zusetzt. Ähnlich fatale Folgen sahen die Experten auch bei Dämmungen an alten Fachwerkfassaden.

Da bleibt nur das Fazit, dass ein politisches Ziel mit den Regelungen der Energiesparverordnungen verfolgt wurde, ohne dessen komplexe Wechselwirkungen auf andere Lebensbereiche zu berücksichtigen. Gut gedacht ist eben nicht immer auch gut gemacht.

EU-ÖKODESIGN-RICHTLINIE

Die Europäische Union strebt eine Führungsrolle in Umweltschutz und Technologie an. Damit das gelingt, gibt es in Brüssel eine große Zahl von Experten, die sich mit der umweltfreundlichen Gestaltung von »energieverbrauchsrelevanten Produkten« befassen.

Was ein energieverbrauchsrelevantes Produkt ist, entscheidet die Europäische Kommission. Hat man ein Produkt als wichtig eingestuft, werden Richtlinien entwickelt, wie es umweltfreundlicher gestaltet werden kann. Anschließend müssen die Entscheidungen der Kommission von den Mitgliedsstaaten in nationales Recht überführt werden.

Die ersten Auswirkungen sehen wir bereits heute, wenn wir einen neuen Kühlschrank oder ein anderes Haushaltsgerät kaufen. Wir finden auf den Beschreibungen eine Angabe zur Energieeffizienz der Geräte. Klasse A oder A+ zeichnet besonders sparsame Geräte aus, D oder E dagegen stehen für Energie- und Ressourcenverschwender.

Es geht aber beim Ökodesign nicht nur um Kühlschränke, sondern auch um viele andere Produkte. In den letzten Jahren hat sich die Kommission vor allem mit dem Stromverbrauch beschäftigt. Ein Ergebnis waren die Regelungen zum Verbot konventioneller Glühlampen für Privathaushalte.

In Zukunft will man die Ökologie aber weiter fassen. Ende 2012 wurde die Liste der Produkte bekannt, mit denen man sich bis 2014 befassen möchte. Es sollen nicht nur Regelungen für Firmenserver und Datenspeicherung getroffen werden, auch den Wasserverbrauch will man sich vornehmen. Die Folgekosten der geplanten Regulierungen werden zwangsläufig bei den Unternehmen und Verbrauchern der Mitgliedsstaaten anfallen.

Bei der Datenverarbeitung und -speicherung wird es besonders spannend, denn bis jetzt ist noch nicht klar, wie eine ökologische Gestaltung von EDV-Anlagen aussehen könnte. Bereits heute ist der Aufwand für die Datenverarbeitung und -speicherung in Unternehmen enorm. Genügte früher ein einfaches Archiv und einige Arbeitsplatzrechner, sind heute komplexe Serverstrukturen und mehrfache Datensicherung auch in kleinen und mittelständischen Unternehmen gang und gäbe. Der sichere Betrieb solcher Anlagen schlägt schon jetzt mit enormen Kosten zu Buche, die auf den Kunden und Endverbraucher abgewälzt werden müssen. Kommen weitere Vorschriften hinzu, führt das mit Sicherheit nicht zu Kostenreduzierungen. Wir müssen also befürchten, dass der Aufwand weiter ansteigen wird. Ob diese Maßnahmen auf Dauer die Wettbewerbsfähigkeit europäischer Unternehmen stärken oder schwächen, wird sich zeigen. In der Vergangenheit haben zusätzliche Regulierungen allerdings noch nie zu einer Stärkung der Wettbewerbsposition geführt.

Eine andere Produktregulierung auf der Agenda der EU-Kommission wird sich dagegen konkret auf den Alltag jedes Einzelnen auswirken: Es sollen zukünftig nur noch besonders Wasser sparende Armaturen bei Neubau und Renovierung eingebaut werden dürfen. Die Folge sind mit großer Wahrscheinlichkeit nicht nur steigende Kosten für Bauherren und Immobilienbesitzer, sondern auch für die Wasserver- und -entsorgung.

Muss in den südlichen Ländern der EU in der Tat Wasser gespart werden, haben Deutschland und die übrigen nördlichen EU-Staaten ganz andere Probleme. Hier häufen sich seit einigen Jahren die Klagen über Geruchsbelästigungen aus der Kanalisation. Weil durch stark sinkenden Wasserverbrauch die Abwässer im Kanal nur noch langsam fließen, faulen sie schon auf dem Weg zur Kläranlage. Schon heute werden in vielen Städten regelmäßige Spülungen der Kanäle mit großen Mengen Frischwasser durchgeführt, damit keine Geruchsbelästigungen entstehen.

Sinkt durch die Vorschriften zur Reduzierung des Wasserverbrauchs die Abwassermenge weiter, werden diese Maßnahmen häufiger werden. Die Wasserversorger werden gezwungen sein, den sparsamen Verbraucher mit den Kosten für die Geruchsbekämpfung zu belasten. Mit sinkenden Wasserrechnungen ist also nicht zu rechnen.

Setzt man in Brüssel den Einsatz wassersparender Armaturen durch, wird eine echte Wassereinsparung bei uns wohl kaum erreicht. Denn was am Wasserhahn gespart wird, wird anschließend von den Versorgern direkt in die Kanalisation geleitet. Fazit: Diese Sparbeschlüsse stinken zum Himmel.

FAMILIENKASSE/ KINDERGELD

Kindergeld ist eine tolle Sache. An der Auszahlung von 38,8 Milliarden Euro Kindergeld haben weder Bundesrechnungshof noch Bürger etwas auszusetzen. Wer sich aber einmal ansieht, wie das Kindergeld verwaltet wird, kann sich nur noch die Haare raufen. Für die Auszahlung sind die Familienkassen zuständig. 2004 gab es insgesamt 16.400 Familienkassen, die Kindergeldanträge bearbeitet und die Auszahlung überwacht haben. Deren oberste Kontrollinstanz ist das Bundesfinanzministerium. Auch dort ist schon vor Jahren aufgefallen, dass die Kontrolle von derart vielen Dienststellen nicht ganz einfach ist. Darum wollte man die Anzahl der Familienkassen bis 2007 auf nur noch 120 reduzieren. Damit wäre es gelungen, den Verwaltungs- und Bürokratieaufwand drastisch zu reduzieren. Eine eigens hierzu eingesetzte interministerielle Arbeitsgruppe hatte diese Empfehlung schon 2004 ausgesprochen.

2011 hat der Bundesrechnungshof noch einmal genauer hingesehen und fand noch 8.500 Familienkassen. Angesichts von 17,5 Millionen Kindern, für die Kindergeld gezahlt wird, scheint die Zahl gar nicht so hoch. Rein rechnerisch macht das pro Familienkasse 2.058 Kindergeldfälle.

Die tägliche Verwaltungspraxis sieht aber etwas anders aus. Kindergeld für Kinder, deren Eltern nicht im öffentlichen Dienst beschäftigt sind, wird über die Bundesagentur für Arbeit ausgezahlt. Diese Gruppe macht den größten Teil der gesamten Kindergeldfälle aus. Mit ihren 102 Familienkassen wickelt die Bundesagentur für Arbeit 80 Prozent aller Kindergeldfälle ab. Anders ausgedrückt: 1,2 Prozent der Familienkassen wickeln 80 Prozent der Fälle ab, was pro Familienkasse der Bundesagentur für Arbeit durchschnittlich mehr als 137.000 bearbeitete Kindergeldfälle ergibt.

Für Kinder, deren Eltern im öffentlichen Dienst stehen, müssen die öffentlich-rechtlichen Arbeitgeber die Kindergeldauszahlung regeln. Dazu unterhalten Bund, Länder und Gemeinden 8.400 Familienkassen. Anstelle einer bundeseinheitlichen Regelung kocht hier jeder sein eigenes Süppchen. Nach Untersuchungen der obersten Rechnungsprüfer sind 100 der 8.400 öffentlichen Familienkassen für etwa 18 Prozent der Kindergeldfälle zuständig.

Es bleiben nur noch 2 Prozent aller Kindergeldfälle zu verteilen. Um die Auszahlung des Kindergeldes für diese verbleibenden rund 350.000 Kinder balgen sich 8.300 Familienkassen. Das macht einen Betreuungsdurchschnitt von 42 Kindern für jede dieser Familienkassen. Da könnten die Mitarbeiter den Kindergeldscheck doch jeden Monat persönlich überbringen.

Kein Wunder, dass viele dieser Familienkassen nur mit einem Mitarbeiter oder einer Teilzeitkraft besetzt sind. Besondere Routine in der Bearbeitung der Kindergeldfälle kann sicherlich nicht entstehen. Nach den Untersuchungen der interministeriellen Arbeitsgruppe werden von vielen Sachbearbeitern gerade einmal 20 Fälle im Monat bearbeitet. Da erstaunt es nicht, dass mangels Erfahrung Fehler auftreten und es gar nicht so selten vorkommt, dass für ein Kind gleich doppelt Kindergeld gezahlt wird. Dass das gar nicht so selten vorkommt, trat schon 2009 bei einer Untersuchung durch die Bundesagentur für Arbeit zutage. Wie der *Spiegel* berichtete, wurden rund 2.400 Fälle aufgedeckt, in denen es zu Doppelzahlungen kam, die teilweise über Jahre liefen, in einem Fall sogar von 1996 bis ins Jahr 2008.

Im Bundesfinanzministerium scheint man den Abschlussbericht der Arbeitsgruppe »Neuorganisation der Familienkassen« aus dem Jahr 2004 schon lange in den Aktenkeller geräumt zu haben. Nur so ist zu erklären, dass die längst überfällige Neuorganisation der Kindergeldzahlungen bis heute nicht erfolgt ist. An mangelndem Anreiz kann es nicht liegen. Immerhin schätzte die Arbeitsgruppe die möglichen Einsparungen auf rund 100 Millionen Euro allein für die Reduzierung des Verwaltungsaufwands. Doch damit nicht genug. Bei einer einheitlichen und effizienten

Verwaltung der Kindergeldauszahlung darf man getrost damit rechnen, dass sich Verfahrensfehler, Falsch- und Doppelauszahlungen erheblich reduzieren. Gelegentliche Einzelfallfehler können ja nicht viel ausmachen, mag man zunächst denken. Weit gefehlt: Die Schätzung der möglichen Einsparpotenziale in diesem Bereich liegt bei nicht vernachlässigbaren 70 Millionen Euro im Jahr. Dabei ist noch nicht berücksichtigt, dass andere Vergünstigungen wie Riester-Zulagen, Beihilfen und Besoldungsbestandteile im öffentlichen Dienst an das Kindergeld gebunden sind. Hier könnten weitere 70 Millionen eingespart werden.

Angesichts der ständig knappen öffentlichen Finanzen ist die Frage erlaubt, warum diese Einsparmöglichkeiten nicht genutzt werden. Sollte der Bundesfinanzminister die Mittel tatsächlich nicht in seinem Haushalt brauchen können, freuen sich die Bezieher von Kindergeld sicher über einen jährlichen Geburtstagsgruß aus der Familienkasse. Rechnen wir das Gesamteinsparpotenzial von 240 Millionen Euro auf 17,5 Millionen Kinder um, gäbe es einen jährlichen Geburtstagsscheck von 13 Euro pro Kind. Das reicht immerhin für den Geburtstagsburger beim Fast-Food-Restaurant Ihrer Wahl.

FIRMENFAHRZEUG

Ein Dienstwagen gilt allgemein als Privileg. Viele Arbeitnehmer freuen sich, wenn der Arbeitgeber die Kosten für den Pkw übernimmt. Das ist nicht verwunderlich, sind doch die Unterhaltskosten für ein Fahrzeug der Mittelklasse nicht unerheblich. Oft ist die Freude aber nur von kurzer Dauer. Mit der ersten Lohnabrechnung folgt die Ernüchterung. Nicht nur der Arbeitnehmer hatte Spaß am Firmenwagen, auch das Finanzamt ist begeistert.

Die Bereitstellung eines Autos, das auch privat genutzt werden kann, gilt steuerlich als Bestandteil des Arbeitslohns. Zu Deutsch: Der Gegenwert der privaten Nutzung muss als geldwerter Vorteil versteuert werden. Für die Festsetzung der Steuer sieht der Fiskus zwei Ansätze vor. Einer ist mit viel Aufwand verbunden, der andere teuer. Der Dienstwagenfahrer hat also die Wahl zwischen Pest und Cholera.

Wird ein Fahrtenbuch geführt, das dienstliche und private Fahrten genau voneinander abgrenzt, kann exakt ermittelt werden, welcher Anteil der Fahrzeugkosten auf die private Nutzung entfällt. Dieser Anteil wird dann wie zusätzlicher Arbeitslohn betrachtet und versteuert. Dazu muss das Fahrtenbuch den Anforderungen des Finanzamtes entsprechen. Jede dienstliche Fahrt muss mit detaillierten Angaben erfasst werden, private Fahrten können immerhin nur mit den gefahrenen Kilometern aufgezeichnet werden.

Wer sich nicht mit dem lästigen Schreiben des Fahrtenbuchs aufhalten möchte, kann sich für die pauschale Besteuerung der privaten Nutzung entscheiden. Dann wird es allerdings teuer. Monatlich wird 1 Prozent des Listenneupreises als zusätzliches Einkommen versteuert. Diese Pauschale ist unabhängig davon, wie alt das Fahrzeug ist oder mit welchem Rabatt der Arbeitgeber den Wagen tatsächlich eingekauft hat. Bei einem Auto, das laut Herstellerpreisliste mit allen Sonderausstattungen 50.000 Euro gekostet hat, müssen so im Monat 500 Euro extra versteuert werden. Das macht im Jahr 6.000 Euro. Bei einem Steuersatz von 42 Prozent sind für die private Nutzung allein 2.520 Euro Steuern pro Jahr fällig. Damit nicht genug. Für die Fahrten zwischen Wohnung und Arbeitsstätte langt das Finanzamt noch mal zu. Hier wird jeder Kilometer mit 0,03 Prozent des Listenpreises monatlich angesetzt. Bei einem Fahrzeug mit 50.000 Euro Listenpreis sind also für jeden Entfernungskilometer zwischen Wohnung und Arbeitsstätte weitere 15 Euro im Monat zu versteuern. Im Gegenzug darf der Dienstwagenfahrer wie jeder andere Steuerpflichtige auch die Pendlerpauschale von 0,30 Euro je Entfernungskilometer steuerlich geltend machen.

Hier misst das Finanzamt mit zweierlei Maß. Bei einer Entfernung von 10 Kilometern zwischen Wohnung und Arbeitsplatz sind diese Fahrten als Privatnutzung des Firmenwagens mit 150 Euro monatlich anzusetzen, die Pendlerpauschale wird bei 20 Arbeitstagen mit 60 Euro anerkannt. Da vergeht so manchem die Lust an der Fahrt mit dem Firmenwagen. Das Finanzamt stört das bei der Steuererhebung wenig. Ist die private Nutzung nicht ausgeschlossen, muss darauf Steuer gezahlt werden, wenn nicht durch ein Fahrtenbuch nachgewiesen wird, dass es keine Privatnutzung gibt.

Nicht nur beim Firmenwagen schlägt das Finanzamt zu. Auch wer von seinem Arbeitgeber ein Fahrrad oder eines der modern gewordenen E-Bikes zur Verfügung gestellt bekommt, muss sich mit der Ermittlung des privaten Nutzungsanteils herumschlagen. Hier muss ebenfalls ein Prozent des Listenpreises pro Monat für die private Nutzung versteuert werden. Immerhin gelten damit aber auch die Fahrten zwischen Wohnung und Arbeitsstätte als abgegolten.

Das gilt aber nur dann, wenn das E-Bike nicht doch als Kraftfahrzeug eingestuft wird. Gibt es eine elektrische Unterstützung auch bei Geschwindigkeiten von mehr als 25 km/h, wiehert der Amtsschimmel erneut. Das Fahrrad ist jetzt ein Kraftfahrzeug und benötigt zuerst einmal ein Kennzeichen und eine Versicherung. Zusätzlich werden für Fahrten zwischen Wohnung und Arbeitsstätte 0,03 Prozent des Listenpreises je Kilometer als Gegenwert der privaten Nutzung versteuert.

GLEICHBERECHTIGUNG

Männer und Frauen sind gleichzubehandeln. Das sagt zumindest das Grundgesetz der Bundesrepublik Deutschland. Diese Regelungen sind für das Privatrecht aber nicht entscheidend. Um auch im Arbeitsrecht und in anderen Bereichen eine Gleichstellung durchzusetzen, haben EU und Bund weitere Regelungen getroffen. Im ersten Schritt hat man in Brüssel eine EU-Richtlinie zur Gleichbehandlung erlassen. Diese war dann durch ein Bundesgesetz in nationales Recht umzusetzen.

Seitdem fällt auf, dass nicht mehr eine Sekretärin in der Stellenanzeige gesucht wird, sondern ein/e Sekretär/in oder ein(e) SekretärIn oder ein Sekretär (m/w). Denn: Wer nur eine Geschlechterbezeichnung ausschreibt, diskriminiert bereits das andere Geschlecht. Ein Bewerber könnte den Arbeitgeber in Regress nehmen und sich im Zweifel sogar auf die Stelle klagen. Doch nicht nur die »Benachteiligung« wegen der Geschlechtszugehörigkeit ist den Bürokraten ein Dorn im Auge. Nein, auch Rasse, ethnische Herkunft, Religion, Weltanschauung, Alter, Behinderung oder sexuelle Identität dürfen nicht mehr zu Kriterien werden, die das Handeln beeinflussen.

So weit, so gut. Bei der ganzen Regelungswut stellt sich nur die Frage, wo der Sinn des Ganzen bleibt. Die praktische Umsetzung im Alltag ist doch recht schwierig. Egal ob eine Stelle für eine Sekretärin oder eine SekretärIn ausgeschrieben ist, wird ein Arbeitgeber letztlich immer in der Lage sein, einen Grund zu finden, warum er eine Bewerberin einem Bewerber vorzieht, wenn er eben lieber eine Sekretärin möchte. Finden sich keine Kriterien in Ausbildung oder Lebenslauf, dann gibt es unter den viel gerühmten Soft Skills, den weichen Beurteilungsfaktoren im Einstellungsverfahren, garantiert ein Argument, den ungewünschten Bewerber abzulehnen.

Trotzdem wird es für den Arbeitgeber immer komplizierter. 2012 ging der Streit um die Begründung einer Absage bis vor den Europäischen Gerichtshof. Die Bewerberin wollte den Arbeitgeber verurteilen lassen, die Bewerbungsunterlagen des eingestellten Bewerbers offenzulegen. So wollte sie belegen, dass die Absage eine Diskriminierung darstellt, und Schadenersatz geltend machen. Das Gericht lehnte die Klage ab. Kritisch sind allerdings die Ergänzungen im Urteil. Ein Arbeitgeber, der eine Bewerbung dankend ablehnt, ohne zuvor ein Gespräch geführt zu haben, und keine Begründung angibt, gerät grundsätzlich leicht in den Verdacht der Diskriminierung. Ob diese Regelungen wirklich einen Vorteil für Bewerber mit sich bringen, darf bezweifelt werden. Lediglich die Gerichte werden mit den Klagen der Bewerber zusätzliche Arbeit erhalten.

Arbeitgeber müssen ihre Stellenausschreibungen anpassen und mehr Zeit für die Bearbeitung der Bewerbungsunterlagen und spätere Absagen einplanen. In Zweifelsfällen wird eine Absage ohne vorherigen Rat eines Anwalts zum Kostenrisiko für das Unternehmen werden. Dem Arbeitsmarkt dürften die Vorschriften wohl kaum dienen.

Interessant sind aber die Gründe, aus denen eine Diskriminierung nicht erfolgen darf. Juristen haben schon die Lücken der Regelung herausgefunden. Eine Diskriminierung wegen der ethnischen Herkunft oder Rassenzugehörigkeit ist verboten. Aber: Will beispielsweise ein Arbeitgeber aus Köln keinen Mitarbeiter aus Düsseldorf einstellen, ist das mit den Antidiskriminierungsrichtlinien vereinbar. Denn: Die Herkunft aus Düsseldorf führt nicht zu einer ethnischen oder rassischen Unterscheidung zwischen Kölnern und Düsseldorfern.

Doch auch im täglichen Leben werden wir alle die Rechnung für die Regelungswut zahlen. Denn auch bei Versicherungen ist die unterschiedliche Behandlung der Geschlechter in Zukunft nicht mehr gestattet. Männer und Frauen müssen seit Dezember 2012 bei sonst gleichen Bedingungen den gleichen Beitrag für eine Versicherung zahlen. Bis dahin war es so, dass Kfz-Versicherungen für Frauen in der

Regel günstiger waren, weil Frauen im Durchschnitt vorsichtiger fahren und weniger Schäden verursachen. Auch bei der Lebensversicherung lagen die Beiträge für Frauen in der Regel unter denen für Männer. Der Grund war recht simpel: Statistisch gesehen haben Frauen eine höhere Lebenserwartung. Das bedeutet, dass für den Versicherer das Risiko, die Lebensversicherungssumme für eine Frau beispielsweise bis zum 65. Lebensjahr auszahlen zu müssen, geringer ist. Umgekehrt bei Rentenversicherungen: Da Frauen voraussichtlich länger Rente beziehen, fiel die Rente bei gleichen Beiträgen geringer aus, weil das eingezahlte Geld eben länger reichen musste.

Wer erwartet, dass durch die Gleichbehandlung die Beiträge für das »benachteiligte« Geschlecht gesunken sind, wird bitter enttäuscht. Eine Versicherung ist nun einmal ein Wirtschaftsunternehmen, das über alle Verträge gerechnet mehr einnehmen als auszahlen muss. Nur so ist das Unternehmen in der Lage, tatsächlich am Markt zu bestehen. Die Umsetzung der Richtlinien zur Gleichbehandlung kostet also nicht nur die Versicherungskonzerne zunächst einmal eine Menge Geld, weil sie alle Kalkulationen neu erstellen müssen, sondern auch die Versicherten. Denn am Ende aller Berechnungen müssen die Gesamtbeiträge zumindest gleich hoch ausfallen. Dazu kommt dann ein Sicherheitszuschlag der Unternehmen, um auch bei Kalkulationsfehlern wirtschaftlich überleben zu können. Zum guten Schluss dürfen also die Versicherten für die Gleichberechtigung tiefer in die Tasche greifen. Aber Hauptsache, der Political Correctness ist Genüge getan.

Gender Mainstreaming heißt das politische Schlagwort, die Gleichstellung der Geschlechter auf allen Ebenen zu erreichen. Wer sich einmal an einer öffentlichen Ausschreibung beteiligt hat, kennt die Problematik, im Text Männer und Frauen stets gleichberechtigt zu beschreiben. Heraus kommen Texte voller Klammern und Schrägstriche wie dieser für ein Bewerbertraining der Bundesagentur für Arbeit: »Der/Die Teilnehmer(in) soll in die Lage versetzt werden, mit seiner/ihrer Bewerbung den potenziellen Arbeiter auf seine/ihre besonderen Fähigkeiten aufmerksam zu machen.« Politisch korrekt und sprachlich eine Katastrophe, möchte man dazu ausrufen. Wenn ich mir vorstelle, seitenlange Dokumente in dieser Schreibweise lesen zu müssen, wird mir ganz flau.

Den Vogel der Korrektheit schoss aber Bundesfamilienministerin Schröder vor Weihnachten 2012 in einem *Zeit*-Interview ab. Sie erklärte, »der bestimmte Artikel in ›der liebe Gott‹« habe aus ihrer Sicht nichts zu bedeuten. »Man könnte auch sagen: Das liebe Gott.« Und löste damit wenige Tage vor Weihnachten einen Sturm der Entrüstung aus. Ich fühle mich dabei an einen Autoaufkleber erinnert, den ich vor vielen Jahren auf dem Wagen einer Frauenrechtlerin sah: »Als Gott den Mann schuf, übte sie noch.« Heute hätte die Fahrzeughalterin wohl mit einer Antidiskriminierungsklage zu rechnen.

Egal wie viel Mühe sich Politik und Emanzipationskämpfer geben, eine Gleichberechtigung wird nicht auf dem Papier durch umständliche Formulierungen oder den Austausch des Artikels entschieden. Echte Gleichberechtigung muss gelebt werden, da hilft keine Verordnung oder Antidiskriminierungsrichtlinie. Anstatt sich mit der Formulierung von Stellenausschreibungen oder der Frage »der, die oder das Gott« zu beschäftigen, sollten sich einige Herrschaften – oder heißt es korrekt Herr- und Frauschaften? – drängenderen Fragen widmen.

GLÜHBIRNEN

Die Einsparung von Energie und die Reduzierung der Umweltbelastung sind zentrale Themen in der Politik der Europäischen Union. Zu diesem Zweck entwirft die Europäische Kommission regelmäßig neue Verordnungen und Richtlinien.

Die Folgen haben Verbraucher inzwischen schon beim Einkauf von Leuchtmitteln bemerken können. In so mancher Lampe sieht nur eine konventionelle Glühbirne wirklich gut aus, doch wenn Ersatz benötigt wird, schauen wir im Supermarkt inzwischen in die Röhre.

Die altbekannte Glühlampe, seit Ende des 19. Jahrhunderts bekannt, ist aus den Regalen verschwunden. Nach dem Willen der EU-Bürokraten soll sie durch effizientere Leuchtmittel wie Energiesparlampen und LED-Leuchten ersetzt werden. Zuerst sind Birnen mit 100 Watt verschwunden, danach wurden auch die schwächeren Varianten schrittweise aus den Regalen entfernt. Immerhin 14 Seiten füllten die fleißigen Mitarbeiter aus Brüssel mit Anforderungen an Leuchtmittel für die Raumbeleuchtung in Privathaushalten. Damit war das Ende der Glühbirne besiegelt.

So weit die Wünsche aus Brüssel. Doch so einfach ist es nicht. Die Verordnung über die Gestaltung von Haushaltslampen mit ungebündeltem Licht beschäftigt sich intensiv mit Leuchtmitteln für den Einsatz im Privathaushalt. Dort sollen die klassischen Glühbirnen verschwinden. Aber wie immer: keine Regel ohne Ausnahme. Nicht von den Regelungen betroffen sind nämlich alle Anwendungsbereiche außerhalb des Privathaushalts.

Das Ergebnis dieser Richtlinie ist damit mehr als kurios: Für die Raumbeleuchtung im Haushalt, so die Formulierung der Verordnung, sollen Glühlampen nicht mehr verwendet und verkauft werden. In anderen Einsatzbereichen, zum Beispiel im Gewerbebetrieb, dürfen sie noch immer eingesetzt werden. Das ist besonders in Bereichen der Fall, in denen die Lampen Erschütterungen oder sonstigen starken Belastungen ausgesetzt sind. In diesem Bereich können alternative Leuchten die Glühbirne technisch noch nicht ersetzen.

Es dürfen also noch immer konventionelle Glühbirnen verkauft werden, wenn sie nicht für den Hausgebrauch, sondern den Einsatz bei Stoßgefahr und Spritzwasser deklariert und konstruiert sind. Das ist für einen Produzenten recht einfach zu erreichen. Wird der Glühfaden dicker ausgelegt, hält die Lampe Stöße besser aus und kann als stoßfest deklariert werden. Ergänzt man das Ganze noch um den Hinweis, dass die Lampe nicht zur Raumbeleuchtung im Haushalt geeignet ist, dann darf die Lampe auch weiterhin verkauft werden.

Wer also weiterhin seine Räume zu Hause mit Glühbirnen beleuchten will, muss einfach in den Handel für Gewerbetreibende oder zu Händlern gehen, die sich auf Produkte für Nostalgiker spezialisiert haben. Nur der Preis ist inzwischen gestiegen, immerhin handelt es sich jetzt um ein Spezialprodukt. Anstelle einer Energieeinsparung wurde also nur eine Umsatzsteigerung bei den Leuchtmittelherstellern erreicht, die nun entweder teure Energiesparlampen oder Spezialglühbirnen verkaufen.

Spannend ist in diesem Zusammenhang eine vom Bundesministerium für Bildung und Forschung geförderte Studie des Fraunhofer-Instituts, die sich mit den tatsächlichen Auswirkungen von Energiespartechnologie beschäftigt. Die Forscher stellten fest, dass sich nach der Installation von Energiespartechnik auch das Nutzerverhalten verändert. In dem Bewusstsein, dass die Lampen ja nun weniger Strom verbrauchen, werden die Lichter seltener ausgeschaltet. So kann die verordnete Verwendung von sparsamen Leuchtmitteln dazu führen, dass durch die Änderungen der Nutzung der tatsächliche Stromverbrauch steigt, statt zu sinken. Die Forscher nennen das den Rebound-Effekt. Über diese besondere Form des Jo-Jo-Effektes haben sich die Brüsseler

Umweltschützer wohl keine Gedanken gemacht, als sie entschieden, dass die altbekannte Glühbirne vom Markt verschwinden soll. Schade, dann wäre uns allen die aufwendige Suche nach einer passenden Glühbirne für so manche schöne alte Lampe erspart geblieben.

HERKUNFTSBEZEICHNUNGEN

Schwarzwälder Schinken kommt aus dem Schwarzwald, wie Champagner aus der Champagne stammt. Das trifft sogar noch den Kern der Sache. Aber während die Trauben für den Champagner in der Champagne gewachsen sein müssen und der Champagner auch dort hergestellt werden muss, darf das Schwein, das zu Schwarzwälder Schinken wird, in ganz Europa aufgewachsen sein. Auf seinem Weg zum Schinken muss das arme Schwein nur einmal im Schwarzwald gewesen sein.

Warum das so ist? Es gibt eine sehr feine Unterscheidung zwischen »geschützter Ursprungsbezeichnung«, »geschützter geografischer Angabe« und »garantiert traditionellen Spezialitäten«. Der Kunde wird in diesem Regelungsdschungel den Überblick schnell verlieren. Ergänzt wird das Chaos europäischer Regelungen noch durch das deutsche Markengesetz, das sich ebenfalls mit geografischen Herkunftsangaben beschäftigt.

Versuchen wir, Licht ins Dunkel zu bringen. Champagner ist eine geschützte Ursprungsbezeichnung. Hier müssen Erzeugung, Verarbeitung und Herstellung in der Region erfolgen. Ebenso geschützt ist der berühmte Parmaschinken. Hier sind nicht nur Herkunft und Aufzucht der Schweine fest geregelt, auch die gesamte Verarbeitung muss in der Region stattfinden. Soll der Schinken geschnitten und verpackt verkauft werden, muss auch das nach einem Urteil des Europäischen Gerichtshofes in Parma geschehen. Wird ein Parmaschinken in Deutschland geschnitten und verpackt, ist es kein Parmaschinken mehr.

Anders der Schwarzwälder Schinken. Hier haben wir es mit einer geschützten geografischen Angabe zu tun. Es genügt, wenn eine der Herstellungsstufen im Schwarzwald stattfindet. So kommt dann auch das holländische Schwein zu der Ehre, als Schwarzwälder Schinken auf unseren Tellern zu enden.

Noch weniger präzise ist die garantiert traditionelle Spezialität. Hierbei geht es nur noch um eine traditionelle Zusammensetzung oder ein traditionelles Herstellungsverfahren, das an verschiedenen Orten ablaufen kann. So ist bei Serranoschinken und Mozzarella das Herstellungsverfahren allein ausschlaggebend für die Bezeichnung. Theoretisch kann beides also auch in Deutschland hergestellt werden.

In diesem ganzen Regelungsdurcheinander aus Produktbezeichnungen verliert wohl jeder Kunde den Überblick.

Will der Käufer tatsächlich die Spezialität, die er im Urlaub in einer Region kennengelernt hat, wird ihm da nicht viel anderes übrig bleiben, als direkt vor Ort einzukaufen. Wer sich auf die Bezeichnung verlässt, die er im deutschen Supermarkt auf der Packung findet, wird vermutlich bitter enttäuscht werden. Nur in den seltensten Fällen hält die, was sie verspricht. Dank umfangreicher Regelungen zu Produktbezeichnungen sogar mit dem Segen der EU.

Sollte aber die Nachfrage nach einem Artikel so ansteigen, dass sie mit den bisherigen Vorschriften nicht mehr zu befriedigen ist, kann man das unproblematisch korrigieren. So wurde für die Thüringer Bratwurst 2011 die Vorgabe für die Zusammensetzung verändert. Bis dahin mussten mindestens 51 Prozent des Fleischs aus Thüringen stammen. Seit 2011 ist es auch bei der Thüringer Bratwurst egal, woher das Fleisch stammt. Die offizielle Begründung lautet, dass Eigenschaften und Ansehen des Produkts nicht davon abhängen, dass ein Teil der Rohstoffe aus der Region kommt. Wie gut, dass diese Änderung vom Kunden unbemerkt blieb. So konnte man seine Bezugsquellen leicht ausweiten und damit den Kunden mehr Bratwurst anbieten, als in Thüringen Schweine gezüchtet werden können.

Die Regelungen zum Schutz des Verbrauchers durch klare Produktbezeichnungen machen es möglich. Was als Schutz des Verbrauchers durch die Bürokraten gedacht war, ist zu einer vollständigen Verbraucherverwirrung im Interesse der Produzenten geworden.

HERSTELLUNGSKOSTEN-DEFINITION

Ein vermietetes Haus kann eine gute Einnahmequelle sein. Bevor die Einnahmen fließen, entstehen aber einige Kosten. Für Käufer und Immobilienbesitzer ist es umso besser, je mehr dieser Kosten sie direkt steuerlich geltend machen können. So beteiligt sich das Finanzamt über eine Steuerentlastung gleich an den Ausgaben.

Aber längst nicht alle Aufwendungen können einfach steuerlich abgesetzt werden. Das Steuerrecht unterscheidet in Werbungskosten, die sofort angesetzt werden können, Anschaffungs- und Herstellungskosten, die über die Nutzungsdauer der Immobilie verteilt abgesetzt – abgeschrieben – werden, und Kosten des Grundstücks, die nicht abgesetzt werden können, weil ein Grundstück sich nicht abnutzt.

Erst einmal muss der neue Hausbesitzer herausfinden, welcher Teil seiner Anschaffungskosten für den Grund und Boden angefallen ist. Finden sich dazu keine Vereinbarungen im Kaufvertrag, muss er eine zweckmäßige Aufteilung vornehmen. Schon ist der erste Konflikt mit dem Finanzamt vorprogrammiert. Das Finanzamt möchte einen möglichst hohen Grundstückspreis ermitteln, der Eigentümer einen möglichst geringen, damit ein höherer Teil seiner Aufwendungen steuerlich wirksam wird.

Nicht wenige dieser Streitigkeiten werden schließlich vor den Finanzgerichten ausgetragen. Das Finanzministerium

Berlin hat sich deshalb 2012 dazu entschlossen, eine zwölfseitige Berechnungsanweisung für die Kaufpreisaufteilung herauszugeben.

Die Berechnungen sind so komplex gestaltet, dass kaum ein Immobilienkäufer ohne Unterstützung eines Steuerberaters damit fertigwerden kann. Ist die Hürde genommen, kann das glückliche Leben als Hausbesitzer beginnen, wenn nicht Renovierungen notwendig sind. Denn dann geht es nicht nur darum, die Bauarbeiten zu koordinieren und zu kontrollieren, auch der Zeitplan für die Bauarbeiten will wohlüberlegt sein.

Für die steuerliche Anerkennung der Kosten unterscheidet das Finanzamt zwischen Herstellungskosten und Instandhaltungskosten. Zu Risiken und Nebenwirkungen fragen Sie bitte Ihren Steuerberater oder das Finanzamt. Die Unterscheidung zwischen Erhaltungs- und Herstellungsaufwand ist noch nachvollziehbar. Wird etwas Vorhandenes wie eine defekte Heizung ersetzt, handelt es sich um Erhaltungsaufwand, wird etwas Neues hinzugefügt, wie beim Einbau eines weiteren Badezimmers, ist das Herstellungsaufwand.

So einfach bleibt es nicht für den Immobilienkäufer. Lässt er ein gekauftes Gebäude etwas umfangreicher renovieren, kann es schnell vorkommen, dass die Kosten hierfür 15 Prozent der Anschaffungskosten des Gebäudes übersteigen. Wird dieser Betrag innerhalb von drei Jahren nach dem Kauf investiert, freut sich der Fiskus. Jetzt sind die Renovierungskosten für das Finanzamt keine Instandhaltungskosten mehr, sondern werden zu sogenannten anschaffungsnahen Herstellungskosten. Dadurch können die Kosten nicht mehr sofort steuerlich geltend gemacht werden. Stattdessen müssen die Aufwendungen zusammen mit dem Gebäude auf die Nutzungsdauer von meist 50 Jahren abgeschrieben werden. Der erwünschte oder erhoffte kurzfristige Steuervorteil ist verloren.

Damit es nicht zu einfach zu verstehen ist, hat man sich noch ein paar Nettigkeiten einfallen lassen. Verteilt der Immobilieneigentümer seine Instandhaltungsaufwendungen auf mehr als drei Jahre nach der Anschaffung, ist er noch immer nicht sicher, dass er alle Kosten sofort ansetzen darf. Denn als weitere Einschränkung hat man sich die Sanierung in Raten einfallen lassen.

Wird durch verschiedene Maßnahmen der Gebäudestandard wesentlich angehoben, sind die Kosten ebenfalls nicht als Instandhaltungsaufwendungen, sondern als nachträgliche Herstellungskosten anzusehen. Ersetzt der Eigentümer also nacheinander Heizung, elektrische Anlagen und Sanitäreinrichtungen oder Fenster, kann er auch diese Kosten nicht direkt steuerlich abziehen, sondern nur als Herstellungskosten ansetzen und über viele Jahre abschreiben.

Noch mehr Überraschungen halten Finanzamt und Einkommensteuerrecht für diejenigen bereit, die ihrem Mieter auch eine Küche zur Verfügung stellen möchten. Die Einbauküche muss ebenfalls über den Nutzungszeitraum abgeschrieben werden. Hier sieht das Steuerrecht üblicherweise eine Abschreibungsdauer von 13 Jahren vor. Die gilt aber nicht für die ganze Küche. Installieren Sie erstmals einen Herd und eine Spüle, sind die Kosten dafür Herstellungskosten des Gebäudes. Übersetzt für den Steuerlaien: Installieren Sie als Vermieter Herd und Spüle, müssen Sie die Kosten dafür mit dem Gebäude zusammen auf 50 Jahre abschreiben. Die Kosten der übrigen Kücheneinrichtung dürfen Sie in den nächsten 13 Jahren steuerlich geltend machen.

Die Frage nach dem Warum hat der Bundesfinanzhof damit beantwortet, dass Herd und Spüle unselbstständige Bestandteile des Gebäudes sind und nach regionaler Verkehrsauffassung ein Gebäude ohne diese Ausstattung als Wohngebäude unfertig wäre. Die obersten Finanzrichter vergleichen die Spüle also mit der Sanitäreinrichtung.

Auch wenn das zitierte Urteil aus dem Jahr 1990 stammt, ist die Einschätzung doch mehr als fraglich. Auch zu dieser Zeit waren fest vermauerte Spülen schon lange nicht mehr üblich. Wer sich auf dem Wohnungsmarkt umsieht, wird außerdem eine ganze Menge Mietangebote finden, bei denen keine Küche vorhanden ist. Keine dieser Wohnungen wird als unfertig angeboten. Die steuerliche Einschätzung der »regionalen Verkehrsauffassung« ist da wohl noch ein paar Jahrzehnte hinter der inzwischen gängigen Lebenswirklichkeit zurück. Das könnte aber auch daran liegen, dass die Richter im Jahr 1990 ihre Einschätzung mit verschiedenen Vorentscheidungen aus den Jahren 1973 und 1974 begründeten, die sich teilweise noch auf Fälle aus den 1960er-Jahren bezogen. Das Finanzamt stört es wenig, dass sich die

Vorstellungen vom Wohnen seitdem leicht verändert haben. Herd und Spüle werden auch 2013 noch als Teile des Gebäudes betrachtet.

Trösten kann den Immobilieneigentümer vielleicht, dass er wenigstens den Ersatz von Herd und Spüle nach weniger als 50 Jahren sofort als Erhaltungsaufwand anerkannt bekommt.

INFORMATIONSPFLICHTEN

Formulare, Formulare, das ist für viele der Inbegriff der Bürokratie. Das wird jeder Unternehmer, den man dazu befragt, gerne bestätigen. Gibt es doch eine Unzahl von Vorschriften, die Unternehmen verpflichten, Informationen zu sammeln und weiterzuleiten. Und für jede dieser Vorschriften gibt es natürlich ein paar Formulare, die ausgefüllt werden müssen.

Bei Studien wurden mehr als 10.000 verschiedene Informationspflichten gezählt, die ein Unternehmen treffen können. Angefangen bei der Verpflichtung zur Aufbewahrung von Buchführungsunterlagen über die Veröffentlichung von Jahresabschlüssen und Pflichtangaben auf Internetseiten und Kundenbriefen bis hin zu branchenspezifischen Meldepflichten, die unterschiedlich hohen Aufwand verursachen.

Die Gesamtbelastung der Wirtschaft durch die verschiedenen Informationspflichten schätzte man auf über 40 Milliarden Euro jährlich. Etwa die Hälfte der Kosten verursachen Bundes- und Landesgesetze, die andere Hälfte verdanken wir Vorschriften und Gesetzen der Europäischen Union. Bei der Befragung verschiedener Unternehmen ergab sich, dass zahlreiche mittelständische Unternehmer allein für die Erfüllung dieser bürokratischen Auflagen einen oder mehrere Mitarbeiter beschäftigen. Schon lange kämpfen Verbände und Unternehmen darum, die bürokratische Belastung zu senken.

Ein Teil der Auflagen ist sicherlich nicht zu vermeiden und sinnvoll. So wird wohl niemand etwas gegen die Abgabepflicht für Steuererklärungen haben. Auch Meldungen an die Sozialversicherung und die Beitragszahlung für Mitarbeiter sind unstrittig wichtig.

Belastend für einen Unternehmer ist dagegen die Organisation dieser Meldeverfahren. Die Beiträge für die Krankenkassen müssen an die jeweilige Krankenkasse des Mitarbeiters abgeführt werden. Bei mehr als 150 gesetzlichen Krankenkassen kommt bereits hier ein enormer Verwaltungsaufwand für die Unternehmen zusammen. Völlig unverständlich ist aber die Regelung zum Termin der Beitragszahlung. Während der Arbeitnehmer sein Gehalt zum Monatsende nachträglich ausgezahlt bekommt, war der Sozialversicherungsbeitrag zeitweise bereits im Voraus fällig. Offensichtlich wollte man damit 2006 die Liquidität der Sozialversicherungen stärken. Inzwischen ist der Termin nach massiven Beschwerden der Wirtschaft wieder nach hinten verlegt worden. Alles bestens, glaubt man. Bis zum Blick in § 23 des vierten Sozialgesetzbuchs SGB IV. Nein, die Beiträge sind nicht nach Ablauf des Monats zu zahlen, wie man es erwarten könnte. Fällig sind die Beträge bereits am drittletzten Bankarbeitstag des laufenden Monats. Was geschieht aber nun, wenn der Mitarbeiter eine variable Vergütung bezieht, die erst nach Ablauf des gesamten Monats errechnet werden kann?

Dann muss der Arbeitgeber für die letzten drei Tage die Vergütung schätzen und trotzdem am drittletzten Bankarbeitstag seine Meldung abgeben. Hat er sich verschätzt, muss die Beitragszahlung im nächsten Monat korrigiert werden. Oder aber er berechnet die Beiträge zuerst einmal nach dem Gehalt des Vormonats und korrigiert das im nächsten Monat, wenn er in der Lage ist, den korrekten Beitrag zu ermitteln.

In jedem Fall muss der Unternehmer mehrfache Meldungen machen und den Sozialversicherungsbeitrag berechnen. Anstatt eines Arbeitsschritts sind mindestens drei Arbeitsgänge erforderlich. Den schnelleren Geldeingang bei den Sozialversicherungen bezahlen die Unternehmen mit dem dreifachen Arbeitsaufwand. Vergessen wird, dass die Meldungen und Beitragszahlungen von den Kassen auch überprüft werden müssen. Bei dreimal so vielen Meldungen wie unbedingt notwendig dürfte auch hier ein erheblicher Mehraufwand anfallen. Ob dabei nicht der Vorteil des schnelleren Zahlungseingangs durch den Mehraufwand aufgefressen wird, hat leider noch niemand untersucht. Bisher hat sich der DIHK mit seiner Forderung, den Abführungsstichtag in den Folgemonat zu verlegen, nicht durchgesetzt. Schade, viele Unternehmer wären dankbar.

Doch auch in vielen anderen Bereichen werden Unmengen an Meldungen und Abfragen generiert, deren Nutzen nicht immer eindeutig zu bestimmen ist. Der Chef des Marktforschungsinstituts Forsa, Manfred Güllner, schätzte den Anteil seiner Zeit, den er mit Bürokratie und Informationspflichten verbraucht, auf etwa 50 Prozent. Als eine der Regelungen mit besonders hohem Bürokratieaufwand wird das Datenschutzgesetz empfunden. Die umfangreichen Hinweispflichten sorgen für Unmengen zusätzlicher Bürokratie. Ob sie wirklich helfen, den Umgang mit den Kundendaten zu verbessern, darf bezweifelt werden. Dazu kommen weitere Anzeige- und Informationspflichten. Wird ein Geschäftsführer bestellt, muss die Datenschutzbehörde informiert werden. Geschieht das etwas später, wird ein Bußgeld fällig. Will ein Unternehmen Daten automatisiert verarbeiten, muss zuvor der Datenschutzbeauftragte informiert werden.

Auch durch Verbraucherschutzvorschriften werden Unternehmen mehr und mehr zur Bereitstellung der unterschiedlichsten Informationen verpflichtet. So müssen Versicherungsunternehmen regelmäßig Verbraucherinformationen während der Laufzeit von Versicherungsbeiträgen erteilen. Die Kosten für rund 80 Millionen Informationen jährlich trägt letztlich der Verbraucher, denn die Unternehmen müssen sie in ihrer Preiskalkulation berücksichtigen.

Wer ein anderes Beispiel für Informationspflichten durch Verbraucherschutzgesetze sucht, darf sich die Speisekarte jeder Imbissbude ansehen. Er könnte dort mehr Fußnoten finden als in so mancher Doktorarbeit mit lückenhafter Zitatangabe. Darin werden die Inhaltsstoffe der Speisen angegeben. Von Phosphat in der Bratwurst bis zum Glutamat in der Schaschliksoße und vielen anderen Inhaltsstoffen ist die Rede. Von den Bürokraten zwar gut gemeint, aber in der Praxis wohl völlig untauglich. Kaum ein Kunde liest die Angaben tatsächlich. Einzig die Kontrolleure des Gesundheitsamtes werden die Angaben bei ihren regelmäßigen Besuchen prüfen und, falls etwas fehlt, ein Bußgeld verhängen.

JAGD

Wer auf die Pirsch nach Wild gehen möchte, muss sich zuvor erst einmal mit einem kleinen Spießrutenlauf durch Behördenmühlen fit machen.

Erste Hürde ist die Ablegung der Jagdprüfung. Damit der künftige Jäger zur Prüfung antreten darf, muss er Vorbereitungskurse von insgesamt 120 Stunden Dauer, davon je 60 Stunden theoretischer und 60 Stunden praktischer Vorbereitung, absolviert haben. Für die Zulassung zur Führerscheinprüfung wird deutlich weniger Vorbereitungszeit verlangt. Teil der Prüfung ist auch die Zuverlässigkeit und die Sachkunde im Umgang mit den Waffen, die ein Jäger benutzt. Erst wenn diese Bedingungen alle erfüllt sind, kann er sich an die Beantragung des Jagdscheins machen. Dazu muss nachgewiesen werden, wo der Jäger auf die Pirsch gehen will. Außerdem benötigt er eine Haftpflichtversicherung, die einen Mindestschutz für Sach- und Personenschäden bietet. Sind alle Bedingungen erfüllt, kann schließlich der Jagdschein für maximal drei Jahre erteilt werden. Den gibt es natürlich nicht kostenlos, sondern gegen eine Gebühr.

Zusätzlich zur eigentlichen Gebühr für die Ausstellung des Jagdscheins gibt es gleich noch eine Rechnung über die Jagdabgabe. Die Abgabe ist fünfmal so hoch wie die Gebühr für den Jagdschein und fließt an das jeweilige Bundesland. Aus dem Gebührenaufkommen sollen Ausgaben zur Förderung des Jagdwesens bestritten werden.

In einigen Bundesländern kann der Jäger sich nun endlich aus dem Behördendschungel verabschieden und sich in sein Jagdrevier aufmachen. Doch so manche Stadt oder Gemeinde ist auch jetzt noch nicht zufrieden. Als Letztes flattert dort noch ein Steuerbescheid ins Haus. Die kommunale Jagdsteuer ist fällig, die Kommune kann so noch einmal bis zu 60 Prozent der Jagdpacht als zusätzliche Abgabe einfordern. Das Steueraufkommen für die Kommunen erreicht im Jahr nicht einmal 20 Millionen Euro. Die Höhe der damit verbundenen Verwaltungskosten ist leider nicht zu beziffern. Sicher ist, dass der Aufwand für Festsetzung und Erhebung der Steuern nicht unerheblich ist. Nicht ohne Grund haben schon neun Bundesländer die Steuer vollständig abgeschafft.

KINDERBETREUUNG

Die tägliche Betreuung eines Kindes kann für berufstätige Eltern ein echtes Problem darstellen. Nicht immer können Familie und Großeltern helfend einspringen. Also müssen öffentliche Einrichtungen her, die das Betreuungsproblem lösen. Deshalb hat der Gesetzgeber sich entschlossen, die Kinderbetreuung auszubauen.

Bereits seit 1996 hat jedes Kind ab dem dritten Lebensjahr einen Rechtsanspruch darauf, einen Kindergartenplatz zu bekommen. 2008 schließlich folgte die Entscheidung, ab dem 1. August 2013 den Rechtsanspruch auf einen Betreuungsplatz auch auf Kinder ab dem ersten Geburtstag auszuweiten.

Die juristische Sicht der Dinge wird der Sache aber nicht gerecht. In der Praxis wird sich zeigen, wie gut es gelungen ist, die notwendigen zusätzlichen Betreuungsplätze zu schaffen. Hier scheiden sich die Geister bereits bei der Festlegung der Zahl der benötigten Betreuungsplätze. Ging man bei Beschluss des Rechtsanspruchs davon aus, dass 39 Prozent der Kinder zwischen dem ersten und dritten Lebensjahr einen Betreuungsplatz tatsächlich in Anspruch nehmen werden, sieht die tatsächliche Nachfrage besonders in Ballungsgebieten anders aus. Hier ist die Nachfrage teilweise doppelt so hoch wie vom Gesetzgeber erwartet. Trotz etlicher Jahre Vorlaufzeit ist es den Kommunen, die den Rechtsanspruch gewährleisten müssen, nicht gelungen, die erforderlichen Betreuungsplätze zu schaffen.

Die Gründe dafür sind vielfältig. Zuerst war ein Zuständigkeitsproblem für enorme Verzögerungen des Ausbaus verantwortlich. Denn obwohl die Kinderbetreuung in die Verantwortung der Kommunen fällt, wird sie in der Praxis in weiten Teilen von anderen Trägern, insbesondere auch von kirchlichen Organisationen, geleistet. Auf deren Investitions- und Ausbauplanungen haben die Kommunen und der Gesetzgeber aber wenig Einfluss. So dauerte es lange, bis der Ausbau der Kapazitäten tatsächlich begonnen wurde.

Nur leider hatte man währenddessen etwas anderes verschlafen. Die schönsten Einrichtungen helfen nicht weiter, wenn keine Mitarbeiter da sind, die in den wunderbaren neuen Räumen die Kinder betreuen und fördern können. Empfohlen wird bei Kindern unter drei Jahren für je drei Kinder ein Erzieher. Wo die Tausende von Erzieherinnen herkommen sollen, die nötig wären, um diesen hohen Anspruch zu realisieren, kann leider niemand schlüssig beantworten. In Deutschland dauert die Ausbildung zum staatlich anerkannten Erzieher zwischen drei und fünf Jahren. Über Nacht können die benötigten Erzieher also nicht erscheinen. An den Fachschulen finden sich bei Weitem nicht genug Auszubildende, die rechtzeitig den Abschluss erreichen können. Dazu wären bereits vor Jahren intensive Bemühungen um weitere Auszubildende erforderlich gewesen. So werden mit Beginn des Rechtsanspruchs auf einen Betreuungsplatz Tausende von Erzieherinnen fehlen. Bereits vor dem Stichtag gibt es kaum eine Einrichtung, die das Betreuungsverhältnis von 1 : 3 gewährleisten kann. Im besten Bundesland liegt der Schlüssel bei knapp 1 : 5, andere Bundesländer lagen Anfang 2013 bei 1 : 7.

Gut gedacht ist also leider nicht gut gemacht. Der Grundgedanke, die Kinderbetreuung auszubauen, war sicherlich gut. Die Umsetzung ging fürchterlich daneben, weil nach der Idee eine Regelung getroffen wurde, die in der Praxis nicht ohne Weiteres umsetzbar ist. Die Quittung werden bald Kinder, Eltern, Kommunen und Politik zahlen. Die Kinder werden zwar betreut werden, müssen aber auf die gewünschte Förderung durch eine hohe Zahl an Fachkräften verzichten. Entweder es werden, wie schon von vielen Einrichtungen und Kommunen geplant, die Gruppen in den Einrichtungen größer werden, sodass weniger Erzieher mehr Kinder betreuen, oder es müssen weniger qualifizierte Kräfte eingesetzt werden, die fachlich nicht in der Lage sind, die gewünschte Förderung der Kinder zu gewährleisten.

Eltern werden enttäuscht sein, wenn sie bemerken, dass sie trotz Rechtsanspruch nur schwer einen Platz für ihren Nachwuchs bekommen werden. Mit Schrecken lese ich bei meinen Recherchen Ratgeber für Eltern, wie sie es schaffen, für ihre Kinder einen Platz zu ergattern. Die Hinweise reichen vom Tipp, das Kind sofort nach der Geburt bei der Wunsch-Kita anzumelden, bis zum gut gemeinten Rat, sich mit Engagement und Hilfsbereitschaft bei der Einrichtung vorzustellen. Besonders handwerklich begabte Väter seien den Einrichtungen immer willkommen. Da wartet man doch fast auf die Schlagzeile einer Boulevardzeitung: »Väter leisten Frondienste für Kindergartenplatz.« Genauso hilfreich ist der Tipp, Interesse an der Wunscheinrichtung zu zeigen und dort öfter einmal zum Gespräch vorbeizuschauen. Wer bitte hat dazu die Zeit? Und wohin würde es in einem Kindergarten führen, wenn tatsächlich jeder Bewerber um einen Platz einmal im Monat vor der Tür steht? Es müssten wohl bald einige Mitarbeiter als »Bewerberbetreuer« eingestellt werden. Immerhin wären damit einige Arbeitsplätze geschaffen.

Zahlreiche Kommunen fürchten schon jetzt die Klagen von Eltern, deren Rechtsanspruch nicht eingelöst werden kann, denn dann könnten die Kommunen tatsächlich zu Schadenersatzzahlungen verurteilt werden. Während ich an diesem Manuskript arbeite, diskutiert die Politik bereits über eine Lösung des Problems: Betreuungsgeld soll sie heißen. Eltern, die keinen Kindergartenplatz in Anspruch nehmen, sollen eine monatliche Zahlung erhalten, die sie für die Übernahme der Kinderbetreuung zu Hause entschädigt. Die Aufschreie, die zu dieser »Herdprämie« durch den Blätterwald und die Politik gingen, waren nicht zu überhören. Bildungsferne Gesellschaftsschichten, deren Kinder besonders von einer frühkindlichen Förderung profitieren könnten, würden dadurch ermuntert, ihre Kinder nicht in einer Tagesstätte anzumelden, war eines der Argumente gegen den Gesetzentwurf. Der Gedanke erscheint treffend. Nur wird das vermutlich niemanden wirklich interessieren, wenn durch die Einführung zahlreiche Klagen gegen Kommunen vermieden werden. Der ursprünglich gewünschte Fortschritt in der Frühförderung wird allzu gerne aufgegeben, wenn dadurch die eigenen Fehler in der Umsetzung nicht offenbar werden. Dass dafür ein paar Milliarden Steuergelder für eine wenig sinnvolle zusätzliche staatliche Leistung ausgegeben werden müssen, ist nicht so tragisch.

KINDERPASS

Verreisen mit Kindern ist immer eine besondere Herausforderung. Das werden alle Eltern gerne bestätigen. Sollen mit Kind Reisen ins Ausland unternommen werden, wird es besonders spannend. Genügte früher der Eintrag des Kindes im Reisepass der Eltern, ist es heute deutlich komplizierter. Sobald es über eine Grenze geht, benötigt jede Person einen eigenen Lichtbildausweis. Das kann ein Personalausweis oder der Reisepass sein, wie ihn auch Erwachsene besitzen. Weil die Ausstellung dieser Dokumente recht teuer ist, hat man sich entschieden, für Kinder den sogenannten Kinderreisepass einzuführen. Er löste den alten Kinderausweis ab, der bis zum zehnten Lebensjahr ohne Foto ausgestellt und erst danach mit einem Passbild verlängert wurde. Der Kinderreisepass enthält nicht nur alle Angaben, die auch im »großen« Reisepass eingetragen werden, wie Augenfarbe und Größe des Kindes, sondern auch ein biometrisches Passfoto. Nur auf die Speicherung des Fingerabdrucks wird verzichtet, um die Kosten geringer zu halten.

So weit, so gut. Vor der Geburt unseres Sohnes machte ich mir keine Gedanken darüber, wie ein Kinderausweis idealerweise auszusehen hat. Danach kamen allerdings die ersten Zweifel. Den Pass haben wir im Alter von elf Monaten ausstellen lassen, weil wir mit dem Nachwuchs über die Grenze fahren wollten. Der guten Ordnung halber wurde natürlich auch seine Größe eingetragen. Inzwischen ist unser Sohn älter geworden, und da kleine Kinder schnell wachsen, stimmt die Größenangabe in seinem Kinderpass schon lange nicht mehr mit der Realität überein. Was wohl geschieht, wenn ein Grenzbeamter bei der Kontrolle seine Sache mal genau nimmt? Er wird unweigerlich feststellen, dass das Kind deutlich größer ist, als in seinem Pass beschrieben. Muss ich mir nun Sorgen machen, meinen Sohn an der Grenze zurücklassen zu müssen, weil Pass und Wirklichkeit nicht zusammenpassen und ein (vielleicht kinderloser) Grenzer nicht sicher ist, ob ich tatsächlich mein eigenes Kind bei mir habe? Werde ich am Ende als Kindesentführer verhaftet?

Dem könnte ich natürlich entgehen, indem ich den Kinderpass regelmäßig aktualisieren lasse. Immerhin war man so weitsichtig, in dem Dokument eine Doppelseite dafür freizulassen. Doch dazu müsste ich auch wieder ein neues Passbild vom Nachwuchs beschaffen. Wer schon einmal versucht hat, ein Kleinkind dazu zu bringen, auf einem Foto für die Oma zu lächeln, ahnt das Dilemma schon.

Auch im Kinderpass sollen biometrische Passbilder verwendet werden. Die Richtlinien sind bei einem Kinderpass zwar nicht ganz so streng wie bei Erwachsenen, aber die Grundregeln sind gleich: Kopf gerade, einfarbiger heller Hintergrund, Blick geradeaus, Mund geschlossen. Wie Eltern das ihrem Säugling oder Kleinkind beibringen sollen, steht aber nicht in den Fotomustertafeln der Bundesdruckerei. Auch wenn das Kind selbst noch gar nicht sitzen kann, darf im Hintergrund kein Elternteil zu sehen sein, der das Kind hält. Das führt zu interessanten Szenen beim Fotografen: Als die Passfotos für unseren Sohn gemacht wurden, kauerte meine Frau auf dem Boden hinter ihm und gab sich alle Mühe, das Kind so zu stützen, dass ein einwandfreies Foto herauskam. Ein befreundeter Fotograf berichtete von Eltern, die ihre Kinder am ausgestreckten Arm vor die Kamera halten, und vielen anderen schönen Verrenkungen. Es ist leider nicht verbürgt, wie viele Eltern nach diesen Aufnahmen über Rückenschmerzen klagen. Dabei wäre es doch interessant zu erfahren, welche wirtschaftlichen Auswirkungen die Vorschriften für das biometrische Passbild im Kinderpass auf das Geschäft von Masseuren und Physiotherapeuten haben.

KIRCHENSTEUER

Christlicher Glaube und Nächstenliebe kosten keine Steuern, möchte man denken. Weit gefehlt, denn wer Mitglied der katholischen oder evangelischen Kirche in Deutschland ist, muss dafür Steuern zahlen. Nur in Deutschland erhebt das Finanzamt im Auftrag der Kirchen von deren Mitgliedern eine besondere Abgabe. So nimmt allein die katholische Kirche im Jahr fast 5 Milliarden Euro Kirchensteuer ein.

Allerdings sind die Einnahmen seit einigen Jahren deutlich rückläufig, denn immer mehr Kirchenmitglieder erklären ihren Austritt. Bisher hat die katholische Kirche darauf ohne weitere Rückfragen zum Grund des Austritts mit der Exkommunikation reagiert. Der Grundsatz war ganz einfach: Keine Kirchensteuer hieß auch keine Sakramente.

Das wollte nicht jeder Kirchenkritiker einsehen und so begann vor Jahren eine besondere Episode des kirchenbürokratischen Wahnsinns. 2007 erklärte der Kirchenrechtler

Hartmut Zapp seinen Austritt aus der Kirche. Aber er trat nicht aus der katholischen Kirche als solcher aus, sondern erklärte den Austritt aus der katholischen Kirche als Körperschaft des öffentlichen Rechts. Damit wollte er erreichen, dass er zwar aus der Amtskirche ausscheidet und die Kirchensteuerpflicht erlischt, er der Glaubensgemeinschaft aber weiterhin angehören kann.

Sein zuständiges Bistum wollte das nicht akzeptieren und klagte vor dem Verwaltungsgericht. So begann der Weg durch die Instanzen. Das Bistum verlangte, die Austrittsbescheinigung, die sich nur auf den Austritt aus der öffentlich-rechtlichen Körperschaft bezog, aufzuheben. Die erste Instanz machte noch einen Unterschied zwischen Glauben und Steuer, das Oberverwaltungsgericht dagegen gab dem Bistum recht. Die Verwaltungsrichter hielten sich an den Kirchenstaatsvertrag. Sie bestätigten, dass mit dem Austritt aus der Amtskirche auch die Glaubensgemeinschaft verlassen wurde. Danach darf bei uns nur glauben, wer dafür auch seine Steuern bezahlt.

Wie das mit den christlichen Grundgedanken der Kirche vereinbar ist, haben weder die Richter noch das klagende Bistum erklären können. Der Streit ging weiter und endete erst 2012, rund fünf Jahre nach dem Austritt Zapps aus der Kirche als Körperschaft des öffentlichen Rechts, vor dem Bundesverwaltungsgericht in Leipzig. Die obersten Verwaltungsrichter beschäftigten sich eingehend mit Verwaltungsfragen zur Abwicklung eines Kirchenaustritts und damit, ob die Erklärung zum Austritt den Zusatz »Körperschaft des öffentlichen Rechts« enthalten darf. Sie kamen zu dem Ergebnis, dass es nicht Aufgabe der Verwaltung ist, über kirchenrechtliche Fragen zu entscheiden, und ein Kirchenaustritt nur als solcher, ohne weitere Zusätze, bescheinigt werden darf. Damit geben die Verwaltungsrichter dem Bistum recht, das den Austritt aus der Amtskirche nicht akzeptiert, solange nicht auch der Gesamtkirchenaustritt erklärt wird. Wer gläubig ist, zahlt auch Kirchensteuer, wer vom Glauben abgefallen ist, zahlt nicht.

Mit seiner Klage hat sich das Bistum faktisch gegen kircheneigenes Recht gestellt. Der Vatikan selbst hat immerhin bereits 2006 erklärt, dass ein Kirchenaustritt nicht zwingend einen Abfall vom christlichen Glauben darstellt, der zur Exkommunikation führen muss. Diesen Schritt hatte die deutsche Amtskirche bisher immer automatisch auf einen Kirchenaustritt folgen lassen.

Nur kurz nach dem Urteil des Bundesverwaltungsgerichts sahen sich die katholischen Bischöfe gezwungen, ihren Standpunkt anzupassen. Seit Ende September 2012 wird nun jeder, der aus der katholischen Kirche austritt, nicht mehr automatisch auch von den Sakramenten ausgeschlossen. Ein Dekret der Deutschen Bischofskonferenz legt nun fest, dass zunächst eine Einladung zu einem Gespräch mit dem zuständigen Pfarrer folgen soll. Ziel des Gesprächs soll es sein, den vom Glauben Abgefallenen zurück zur Kirche zu führen.

Den Kirchenaustritt selbst sehen die Bischöfe als Verstoß gegen mehrere Pflichten der Mitglieder nach dem Kirchenrecht, dem *Codex Iuris Canonici*, der unter anderem auch dazu verpflichtet, einen finanziellen Beitrag für die Kirche zu leisten. Das Dekret der deutschen Oberhirten vermittelt allerdings den Eindruck, als solle mit der ausführlichen Schilderung der kirchenrechtlichen Sanktionen eines Austritts vor allem Druck auf die Mitglieder ausgeübt werden, die sich von der Kirchenmitgliedschaft lossagen möchten.

KRANKENKASSEN

Die medizinische Versorgung durch das System aus gesetzlicher und privater Krankenversicherung in Deutschland wird im Ausland vielerorts als sehr positiv angesehen. Wir können uns trotz aller Einsparungen in den letzten Jahren noch immer einer guten Gesundheitsversorgung erfreuen. Die Kosten hierfür sind aber seit Jahren stetig angestiegen. Als Begründungen werden gerne die immer älter werdende Bevölkerung und der technische Fortschritt der Medizin angeführt, der zu aufwendigeren Behandlungsverfahren und einer weiteren Steigerung der Lebenserwartung auch schwer kranker Patienten führt. Die Argumente sind sicherlich nicht von der Hand zu weisen, erfassen aber nicht das gesamte Problem.

Ein nicht unerheblicher Teil der Kosten im Gesundheitswesen entsteht durch Verwaltungsausgaben und bürokratischen Aufwand innerhalb des Krankenkassensystems. Eine Studie der Unternehmensberatung A. T. Kearney kam zu dem Ergebnis, dass 2010 die Verwaltungskosten im öffentlichen deutschen Gesundheitssystem bei mehr als 40 Milliarden Euro lagen. Damit wurden rund 23 Prozent der Einnahmen für die eigene Verwaltung aufgewendet. Ein Unternehmen, das so arbeitet, hätte große Probleme zu überleben. In der Privatwirtschaft liegt die Verwaltungskostenquote darum auch bei durchschnittlich 6,1 Prozent.

Neben der eigenen Verwaltung von Krankenkassen, die bereits Kosten von 27,5 Milliarden Euro ausmachen, fallen durch die komplizierten Regelungen für Abrechnung und Leistungserbringung weitere Milliardenausgaben für Krankenhäuser, niedergelassene Ärzte, Apotheker und alle anderen Unternehmen im Gesundheitswesen an. Diese Milliarden fehlen für die Finanzierung der eigentlichen Leistung an die Patienten. So verbringen Ärzte einen guten Teil ihrer Zeit damit, die erbrachten Leistungen für die Abrechnung bei den Krankenkassen zu dokumentieren.

Ein gutes Beispiel für diese Geldverschwendung sind Blutzuckerteststreifen für Diabetiker. Üblicherweise werden solche Hilfsmittel vom Arzt verordnet und dann von Sanitätshaus, Fachhandel oder Apotheke an den Patienten abgegeben. Die Kosten rechnet der Lieferant mit der Krankenkasse ab und erhält einen festgelegten Betrag pro abgegebene Einheit erstattet. Da die Artikel in großer Zahl an viele Patienten abgegeben werden, haben sich feste Preise gebildet, die von den Kassen übernommen werden. Auf diese

Preisvorgaben hat sich der Handel eingestellt. Nur in den seltensten Fällen wird ein anderer Preis verlangt, weil ein bestimmter Artikel zu dem vereinbarten Preis nicht zu beschaffen ist.

Sind Kostenvoranschläge bei sehr teuren Hilfsmitteln sicherlich gerechtfertigt, müssen sie doch bei preiswerten und regelmäßig benötigten Verbrauchsmaterialien ernsthaft hinterfragt werden. Die IKK Südwest verlangt vom Fachhandel bereits für ein Päckchen Blutzuckerteststreifen einen Kostenvoranschlag. Ein insulinpflichtiger Diabetiker benötigt im Monat je nach Schwere der Erkrankung eines oder mehrere Päckchen und wird in der Regel in jedem Quartal erneut eine Verordnung vorlegen. Mit wenigen Ausnahmen liegen die Fachhandelspreise für verschiedene qualitativ gleichwertige Teststreifen bei etwa 30 Euro pro Packung.

Nichtsdestotrotz erwartet die IKK vor jeder Abgabe von Teststreifen einen Kostenvoranschlag. Erst wenn dieser nach einigen Tagen geprüft und genehmigt wurde, darf der Versorger dem Diabetiker seine Teststreifen liefern. Für einen Umsatz von rund 30 Euro muss der Fachhändler also zunächst einen Kostenvoranschlag erstellen und der Krankenkasse zuleiten. Bereits mit diesen Arbeiten dürfte der mögliche Ertrag aus dem Geschäft auf null abgesunken sein. Im nächsten Schritt prüft ein Mitarbeiter der Krankenkasse den Kostenvoranschlag und erstellt eine schriftliche Kostenzusage, die an den Händler zurückgeschickt wird. Dieser Arbeitsschritt ist vermutlich schon teurer als die beantragten

Teststreifen selbst. Erst jetzt bekommt der Patient seinen benötigten Artikel.

Die Bürokratie hat damit aber noch kein Ende. Damit der Händler zu seinem Geld kommt, muss er seine Rechnung, die Verordnung, die Kostenzusage und eine Empfangsbestätigung des Patienten, dass er wirklich seine Teststreifen erhalten hat, an das Abrechnungszentrum der Krankenkasse schicken. Hier wird noch einmal geprüft, ob auch alle angeforderten Belege vorhanden sind und die Rechnung mit dem Kostenvoranschlag übereinstimmt. Erst danach bekommt der Händler schließlich sein sauer verdientes Geld, von dem er nach Abzug seiner Kosten nicht mehr viel übrig behalten wird.

KÜNSTLERSOZIALABGABE

Das Bild vom armen Poeten spukte wohl in den Köpfen herum, als 1981 das Gesetz zur Künstlersozialversicherung erlassen wurde. Seitdem sind selbstständige Künstler und Publizisten in der gesetzlichen Renten- und Krankenversicherung pflichtversichert. Dabei zahlen sie aber wie ein Angestellter nur die Arbeitnehmerbeiträge. Die andere Hälfte der Versicherungskosten wird aus Bundeszuschüssen und der Künstlersozialabgabe bestritten. Im Gegensatz dazu müssen alle anderen Selbstständigen für ihre Renten- und Krankenversicherung den vollen Beitrag aus Arbeitnehmer- und Arbeitgeberanteil selbst tragen.

Künstlersozialabgabe müssen all diejenigen zahlen, die nicht nur gelegentlich einen selbstständigen Künstler beauftragen und seine Leistung nutzen, um Einnahmen zu erzielen. Künstler ist nach der Definition des Künstlersozialversicherungsgesetzes, wer Musik, darstellende oder bildende Kunst schafft, ausübt oder lehrt. Publizist ist, wer als Schriftsteller, Journalist oder in ähnlicher Weise publizistisch tätig ist oder Publizistik lehrt. Eine präzise Übersicht, welche Tätigkeiten als künstlerisch anzusehen sind, gibt es aber nicht. Hier wird in jedem Fall individuell geprüft.

Für die Erhebung der Künstlersozialabgabe wird der Kunstbegriff sehr weit ausgelegt. So sind zum Beispiel auch Entwurf und Erstellung eines Katalogs, die Erstellung und regelmäßige Aktualisierung einer Webseite oder eines Kundennewsletters abgabepflichtig. Erteilt ein Unternehmer solche Aufträge, muss er Aufzeichnungen darüber führen, welche Honorare er dafür im Jahr zahlt. Die Honorarsumme muss im nächsten Jahr an die Künstlersozialkasse gemeldet werden. Auf diese Honorarsumme wird dann die Künstlersozialabgabe von rund 4 Prozent erhoben.

So kommt es häufig vor, dass die Künstlersozialabgabe auf Rechnungen von Selbstständigen erhoben wird, die gar nicht in der Künstlersozialkasse versichert sind. Diese Künstler wissen meist selbst nichts davon. Ziel dieser breiten Abgabepflicht ist nach Angabe der Künstlersozialkasse, eine Wettbewerbsverzerrung zum Nachteil von in der Künstlersozialkasse versicherten Freiberuflern zu verhindern.

Kompliziert wird es nun bei der Verwaltung und Abführung der Künstlersozialabgabe. Beauftragt eine Werbeagentur einen freiberuflichen Grafiker oder eine Zeitung einen freien Journalisten, wissen die Beteiligten von ihrer Verpflichtung. In diesen Branchen ist der Umgang mit freiberuflichen Kunst- und Kulturschaffenden üblich. Man kennt die Verfahren der Aufzeichnung und Anmeldung der Abgabe.

Doch leider sind nicht nur diese »Kulturprofis« von der Künstlersozialabgabe betroffen. Auch ein kleiner Gewerbetreibender, der regelmäßig, beispielsweise dreimal jährlich, einen kleinen Werbeflyer von einem selbstständigen Werbegrafiker gestalten lässt, muss auf die Honorare zusätzlich Künstlersozialabgabe abführen. Damit sind auch viele Betriebe anderer Branchen von der Abgabepflicht betroffen. Es entstehen nicht nur Kosten für die Abgabe selbst, sondern auch für die Aufzeichnung und Anmeldung der abgabepflichtigen Honorare.

Besonders ungemütlich wird es, wenn der Unternehmer nichts von seiner Abgabepflicht weiß, wie es nur viel zu häufig der Fall ist. Kommt es zu einer Sozialversicherungsprüfung durch die Deutsche Rentenversicherung Bund, wird auch geprüft, ob die Künstlersozialabgabe korrekt erfasst wurde. Stellen die Prüfer fest, dass die Abgabe nicht korrekt abgeführt wurde, ist nicht nur die Nachzahlung fällig. Ausstehende Sozialabgaben werden mit hohen Strafzinsen belegt. Dazu kommt, dass vorsätzliche oder fahrlässige Meldeverstöße mit Bußgeldern bis zu 25.000 Euro belegt werden können. So kann für ein kleines Unternehmen eine Sozialversicherungsprüfung zum existenziellen Risiko werden, auf das weder Unternehmer noch Unternehmen vorbereitet sind.

Die Absicherung selbstständiger Künstler führt also für andere Unternehmer zu nicht unerheblichen Belastungen und Risiken. Die Frage, ob diese Sonderregelung, die es für keinen anderen Berufsstand gibt, sinnvoll und gerechtfertigt ist, soll an dieser Stelle offenbleiben.

LANDWIRTE – GEWINNERMITTLUNG

Ein Unternehmer zahlt Einkommensteuer auf seinen Gewinn. Diesen muss er aus den Betriebseinnahmen und -ausgaben ermitteln oder durch eine doppelte Buchführung mit Bilanz feststellen. Gerade kleine Unternehmen stöhnen unter der Last der Buchführungspflichten und nicht wenige verzweifeln schon an der Belegsortierung und Ablage. Die von jedem Steuerberater gefürchteten Schuhkartons oder Wäschekörbe voller ungeordneter Belege sind die Folge. Und muss der Steuerberater zuerst einen Tag lang sortieren, steigen natürlich die Kosten der Buchführung dramatisch an.

So mancher Kleinunternehmer wird seine Kollegen aus der Landwirtschaft beneiden. Die Förderung der Landwirtschaft ist der Politik schon seit vielen Jahren ein wichtiges

Anliegen. Durch zahlreiche Unterstützungsleistungen, Zuschüsse, aber auch Handels- und Einfuhrvorschriften werden Landwirte unterstützt. Auch im Bereich des Steuerrechts genießen kleine Landwirtschaftsbetriebe ein einzigartiges Privileg. Als einzige Berufsgruppe haben sie die Möglichkeit, ihren Gewinn nicht durch die Führung von Aufzeichnungen über die Einnahmen und Ausgaben oder durch Aufstellen einer Bilanz zu ermitteln, sondern einen fiktiven Gewinn zu berechnen.

Ein Landwirtschaftsbetrieb gilt nach den Vorschriften des Einkommensteuergesetzes als klein, wenn weniger als 20 Hektar Fläche bewirtschaftet werden und weniger als 50 Vieheinheiten zum Betrieb gehören. Die Vieheinheit ist eine Definition des Bewertungsgesetzes. Hierbei werden die unterschiedlichsten Tiere nach ihrem Futterbedarf auf einen Vergleichswert hochgerechnet. Die Standard-Vieheinheit ist eine Kuh. Sie wird mit dem Wert 1 angesetzt. Den Umrechnungsschlüssel hat der Gesetzgeber natürlich als Anlage zum Bewertungsgesetz mitgeliefert. Danach entspricht eine Legehenne 0,02 Vieheinheiten, ein Mastschwein 0,16 und ein Schaf 0,1 Vieheinheiten. Aber auch an die Exoten haben die Steuerexperten gedacht. Ein Alpaka wird mit 0,08 Vieheinheiten bewertet, ein Lama mit 0,1 und ein Strauß mit 0,25 Vieheinheiten. Liest man diese Aufstellung, ist die Frage erlaubt, wie viel Aufwand es wohl war, diese Vergleichswerte darzustellen und ob es nicht einfachere und unbürokratischere Bewertungsmaßstäbe für Landwirtschaftsbetriebe gegeben hätte.

Rechnen wir aber erst einmal um, bis zu welcher Größe ein Betrieb nach diesen Regelungen als klein gelten kann. Für eine Hühnerzucht gilt danach ein Betrieb mit 2.500 Legehennen ebenso als Kleinunternehmen wie ein Unternehmen, das 500 Lamas oder 200 Strauße besitzt. Bei 2.500 Legehennen oder 200 Straußen habe ich nicht mehr das Bild eines Kleinunternehmens vor Augen.

Der pauschale Gewinn wird nach Betriebsgröße und Nutzung ermittelt. Ausgangspunkt ist dabei der sogenannte Hektarwert der landwirtschaftlichen Flächen. Dieser Wert soll nach den Vorschriften des Bewertungsgesetzes ermittelt werden. Hier haben die Bürokraten zugeschlagen, denn die Werte beziehen sich auf die Wertverhältnisse zum 1. Januar 1964. Damit sind alle Änderungen in den Erträgen von Flächen seit diesem Datum nicht mehr berücksichtigt. Dass sich seit 1964 die Preise für Agrarprodukte verändert haben und damit auch der angesetzte Ertrag der Flächen nicht mehr zu heutigen Verhältnissen passt, wird bei den Berechnungen völlig außer Acht gelassen.

Eigentlich sollte der Landwirt die Flächenwerte aus den Einheitswertbescheiden seiner Felder entnehmen können. Dem Bundesrechnungshof ist schon vor Jahren aufgefallen, dass diese Werte in den Einheitswertbescheiden der meisten Bundesländer überhaupt nicht angeführt sind. Der Landwirt, der seinen Gewinn nach Durchschnittssätzen ermitteln möchte, muss also zuerst einmal aus dem Einheitswert eine Rückrechnung auf den Hektarwert seiner Flächen durchführen, damit er eine Besteuerungsgrundlage ermitteln kann.

Eine Überprüfung der Steuererklärungen ergab, dass ein großer Teil gar keine Angaben zum Hektarwert enthält. Das Finanzamt greift dann bei der Steuerberechnung auf die Hektarwerte aus früheren Steuererklärungen zurück. Eine erneute Prüfung oder Neuberechnung der Werte erfolgte in keinem vom Bundesrechnungshof geprüften Fall. Die Begründung: Die Berechnung ist zu aufwendig und steht in keinem Verhältnis zu den möglichen steuerlichen Auswirkungen. Wie aber ist eine sinnvolle Besteuerung zu erreichen, wenn bereits für das Finanzamt die Ermittlung der Besteuerungsgrundlage zu kompliziert wird? Ursprünglich sollten mit dieser Regelung kleine Landwirte und Nebenerwerbsbetriebe entlastet werden. Anhand des Hektarwertes wird ein typischer Durchschnittsertrag für die Besteuerung angenommen. Auf diese Durchschnittssätze wird ein Zuschlag für den Anbau von Produkten, die zu einem besonders hohen Ertrag führen, hinzugerechnet.

Hier waren die Verfasser des Bewertungsgesetzes aber lange nicht so kreativ wie bei der Umrechnung der Vieheinheiten. Für die Zuschlagsberechnung werden nur ganz pauschale Nutzungen genannt. So wird beispielsweise für den Weinbau ein Ertragszuschlag angesetzt. Nach Ansicht des Bundesrechnungshofs stehen die Zuschläge jedoch in keinem Verhältnis zu den tatsächlich erzielbaren Mehrerlösen und sind so undifferenziert, dass sie die vielfältigen Möglichkeiten der Flächennutzung bei Weitem nicht wiedergeben.

Sollte die Ausnahmeregelung eigentlich vor allem kleinen Betrieben nützen, die häufig im Nebenerwerb betrieben werden, erfreut sie sich auch bei hauptberuflich tätigen Landwirten großer Beliebtheit. Nach Angabe des Bundesfinanzministeriums nutzten 2007 immerhin fast 24 Prozent der Landwirte die Möglichkeit, ihren Gewinn pauschal zu ermitteln. Die einstmals als Ausnahme geplante Regelung findet breite Anwendung. Das verwundert nicht, betrachtet man die Einnahmen, die zusätzlich zu den direkten Einkünften aus der landwirtschaftlichen Tätigkeit mit dem nach Durchschnittssätzen ermittelten Gewinn mit abgegolten sind. Auch Zuschüsse und Finanzhilfen wie Agrarfördermittel der EU, Einnahmen aus der Verpachtung von Förderansprüchen und betriebliche Zinsen, aber auch Dienstleistungen, die für andere Landwirte erbracht werden, sind mit dem Pauschalgewinn erfasst.

Doch nicht nur, dass die Landwirte durch die pauschale Gewinnermittlung von der lästigen Pflicht zur Aufzeichnung jedes Geschäftsvorfalls entbunden sind, lässt an dem Verfahren zweifeln. Auch die Untersuchungen des Bundesrechnungshofs, wie gut die Durchschnittssätze den tatsächlichen Ertrag eines Betriebes abbilden, geben Anlass zu Zweifeln. Die Rechnungsprüfer verglichen die nach Durchschnittssätzen ermittelten Gewinne mit Gewinnschätzungen, wie sie das Finanzamt auf der Basis von Vergleichsgrößen vornimmt, wenn keine Steuererklärung abgegeben wird. Dabei kamen sie zu dem Ergebnis, dass die Gewinne nach Durchschnittssätzen zwischen 25 Prozent und etwa 50 Prozent der Schätzergebnisse lagen. Selbst wenn man unterstellt, dass die Gewinnschätzungen eher zu hoch als zu gering ausfallen, muss man annehmen, dass die pauschal ermittelten Gewinne deutlich hinter dem tatsächlichen Ertrag zurückbleiben.

Die gewünschte Vereinfachung für kleine Landwirte wird trotzdem nicht erreicht. Die Ermittlung der Besteuerungsgrundlagen ist durch den schwer ermittelbaren Hektarwert aufwendig und fehleranfällig. Das Verfahren selbst berücksichtigt zahlreiche Ertragsfaktoren eines modernen Landwirtschaftsbetriebes nicht bei der Gewinnermittlung und erfasst so nur einen Bruchteil der tatsächlichen Ergebnisse in der Besteuerungsgrundlage.

Im Ergebnis wird eine Berufsgruppe bei der Besteuerung bevorzugt behandelt. Durch die Feststellungen des Bundesrechnungshofs in seinem Bericht an die Bundesregierung vom Dezember 2011 sieht sich sogar der Finanzminister gezwungen, verfassungsrechtliche Bedenken an der jetzigen Regelung anzumelden. Bleibt nur abzuwarten, wann der Gesetzgeber reagiert und eine einfache und faire Regelung findet.

MINDESTBESTEUERUNG

Die Berechnung der Einkommensteuer könnte so einfach sein. Die Summe aller Einkünfte wird zusammengerechnet, ein paar Sonderausgaben werden abgezogen und auf das übrig gebliebene zu versteuernde Einkommen wird die Steuer erhoben. So einfach könnte es sein. In der Praxis liefern sich Steuerpflichtige und Gesetzgeber einen regelmäßigen Wettkampf, das zu versteuernde Einkommen durch geschickte Gestaltungen zu beeinflussen. Die eine Seite kämpft mit komplizierten Rechtskonstrukten, die andere antwortet mit noch komplizierteren Ausnahmeregelungen im Einkommensteuergesetz.

Wer in einem Einkommensbereich hohe Gewinne erzielt, versucht häufig durch Verluste aus einem anderen Bereich seine Einkommensteuer zu senken. Beliebte Verlustbringer sind dabei vermietete Immobilien, aber auch Schiffsbeteiligungen, andere unternehmerische Beteiligungen und viele weitere Konstrukte, die von cleveren Strategen entwickelt werden.

Dagegen setzt der Gesetzgeber verschiedene Beschränkungen bei der Verrechnung von Verlusten. Wer schon einmal einen Verlust mit dem Verkauf von Aktien gemacht hat, kann ein Lied davon singen. Der Verlust mindert nicht die Steuerbelastung auf die übrigen Einkünfte, sondern kann nur mit Gewinnen aus Aktienverkäufen verrechnet werden.

Eigentlich soll die Einkommensteuer einen Teil des jährlichen Einkommens an den Fiskus leiten, um damit die Staatsausgaben zu finanzieren. Die Steuerbelastung soll sich dabei an der Leistungsfähigkeit orientieren. Das bedeutet, dass derjenige, der hohe Einnahmen hat, mehr Steuern zu zahlen hat als jemand mit geringen Einnahmen. Das klingt logisch und gerecht. Doch wer im Steuerrecht auf Logik setzt, liegt in vielen Fällen weit daneben. Nicht immer werden Verluste bei der Steuerberechnung sofort berücksichtigt. Wer beispielsweise für sein Unternehmen einen Kredit aufnimmt, kann die Zinsen nur dann steuerlich geltend machen, wenn er trotz des Kredits noch ausreichend Gewinne gemacht hat, um seinen Lebensunterhalt zu finanzieren. Hat er aber mehr aus dem Unternehmen entnehmen müssen, um seinen Lebensunterhalt zu bestreiten, weil das Geschäft schlecht gelaufen ist, dann werden die Zinsen auf ein betriebliches Darlehen nur zum Teil anerkannt. Nach den Bestimmungen des Einkommensteuergesetzes sind die Zinsen, die wegen der höheren Entnahme angefallen sind, bei der Steuerberechnung nicht zu berücksichtigen.

Muss ein Kleinunternehmer also einen Kredit aufnehmen, damit er seine Miete und seine Krankenkasse zahlen kann, sind diese Zinsen für das Finanzamt unbeachtlich. Im ungünstigsten Fall muss er so Steuer auf Gewinne zahlen, die nur auf dem Papier angefallen sind. Die Regelungen sind derart kompliziert, dass zu den wenigen Zeilen Gesetzestext mehr als 10 Seiten Erläuterungsschreiben vom Bundesfinanzministerium folgten.

Ebenso unübersichtlich ist die Lage für Unternehmen, die in einem Jahr einen hohen Verlust erleiden und in den folgenden Jahren wieder Gewinne einfahren. Verluste, die nicht ausgeglichen werden können, dürfen mit zukünftigen Gewinnen verrechnet werden. Wer also in Jahr 1 einen Verlust von 2 Millionen Euro hat und im nächsten Jahr 2 Millionen Euro Gewinn macht, hat insgesamt kein Geld verdient. Steuern zahlt er trotzdem. Denn der Verlust wird im nächsten Jahr nicht unbegrenzt berücksichtigt.

1 Million Euro Verlust kann sofort mit Gewinnen verrechnet werden. Wird mehr als 1 Million Euro Gewinn erzielt, müssen unabhängig davon, wie viele Verluste aus der Vergangenheit vorgetragen werden können, 40 Prozent des 1 Million Euro übersteigenden Gewinns versteuert werden. 60 Prozent dürfen durch den Verlustvortrag ausgeglichen werden. Sind größere Verlustvorträge vorhanden, müssen diese weiter in die Zukunft vorgetragen werden. In unserem Beispiel müsste der Unternehmer also 400.000 Euro versteuern, obwohl er noch gar kein Geld verdient hat. Für einen Ledigen macht das eine Einkommensteuerbelastung von rund 170.000 Euro.

Kurz gesagt: Geld verdient hat er noch nicht, Steuern bezahlen muss er trotzdem. Muss der Unternehmer einen Kredit aufnehmen oder das Firmenkonto überziehen, damit er die Steuer bezahlen kann, darf er die Zinsen hierfür nicht als Betriebsausgabe absetzen. Denn Einkommensteuer ist keine Betriebsausgabe, und eine Entnahme auf Kredit für die Einkommensteuer führt dazu, dass die Schuldzinsen nicht steuerlich anerkannt werden. Die Vorschriften dienen offensichtlich einem ganz bestimmten Zweck: die Steuereinnahmen zu erhöhen. Auf die Probleme, die gerade mittelständischen Unternehmen dadurch entstehen, wird keine Rücksicht genommen.

NORMGEMÜSE

Ein abschreckendes Beispiel für den Regelungswahn der EU war bisher die Gurkenverordnung, oder korrekt »Verordnung der Europäischen Kommission zur Festsetzung von Qualitätsnormen für Gurken«. Darin hatte man schon 1988 geregelt, wie eine Gurke aussehen musste, damit sie in Europa in den Handel kommen durfte. Zur Verteidigung der EU-Bürokraten sei angemerkt, dass die Regelungen mit Zustimmung oder gar auf Wunsch des Handels zustande kamen.

Die Gurkenverordnung legte unter anderem fest, welche maximale Krümmung eine Gurke haben durfte, damit sie in Europa in den Handel gebracht werden konnte. Für den Handel sind gerade Gurken wesentlich praktischer. Sie können in genormten Kartons verpackt und besser transportiert werden. So können Händler einheitliche Gebinde einkaufen und dank enger Vorgaben auch gleichbleibende Qualität sicherstellen. Die Gurkennorm war dabei sehr stark an die Regelungen der UN-Wirtschaftskommission für Europa UNECE angelehnt. Doch nicht nur über Gurken machte man sich in Brüssel Gedanken. Auch viele andere Obst- und Gemüsesorten wurden von europäischen Handelsnormen reguliert. Insgesamt waren einmal für 36 Obst- und Gemüsesorten Vermarktungsnormen definiert.

Die Normen waren immer wieder Anlass für Angriffe auf die Regelungswut der Europäischen Kommission. Schließlich war man der Angriffe wohl überdrüssig – oder hatte doch jemand Erbarmen mit den krummen Gurken? Jedenfalls kommentierte Edmund Stoiber die Gurkenverordnung mit den Worten: »Jeder weiß, was eine Gurke ist.« Das Ergebnis war eine grundlegende Überarbeitung der Gemüsenormen. Seit 2009 dürfen Gurken wieder krumm sein. Gleichzeitig wurden zahlreiche andere Handelsnormen für Obst und Gemüse außer Kraft gesetzt.

Wer sich jetzt fragt, warum er noch immer keine krummen Gurken im Handel findet, bekommt eine einfache Antwort. Die Normen der UNECE sind weiterhin gültig und werden vom Handel weiter angewandt. In diesen Fällen kommt die Bürokratie nicht mehr aus Brüssel, sondern wird vom Handel gewünscht. Die Händler fürchten, dass ihre Kunden so sehr an schönes Gemüse gewöhnt sind, dass sie keine unförmigen Gurken oder Karotten kaufen könnten.

Die Folgen dieser Regulierungen hat der *Spiegel* kürzlich recherchiert. Besonders für kleinere Landwirte ist die strenge Auswahl durch den Handel eine echte wirtschaftliche Bedrohung. Die Lebensmittel, die für den Handel nicht gut genug aussehen, müssen vernichtet oder weit unter Herstellungskosten an die Industrie oder Futtermittelhersteller verramscht werden. So werden jährlich rund 140 Millionen Tonnen an Lebensmitteln vernichtet, bevor sie in den Handel gelangen.

Hier helfen alle Entbürokratisierungsbemühungen der Politik nicht weiter. Alle Anstrengungen sind vergebens, solange die Kunden beim Einkaufen ihr Obst und Gemüse nach Aussehen und Preis auswählen. Erst wenn wir das Gemüse wieder so nehmen, wie es eben wächst, wird auch der Handel von den unsinnigen Normen abweichen.

Einen Preisanstieg durch krumme Gurken muss wohl kein Käufer befürchten, kämen so doch Millionen Tonnen Obst und Gemüse zusätzlich in den Handel. Nach dem alten Gesetz von Angebot und Nachfrage müssten die Preise sogar sinken. »Her mit den krummen Gurken!«, möchte man da als Kunde doch ausrufen.

OLDTIMER

Ein altes Auto kann nicht nur Männerherzen höherschlagen lassen. Doch Unterhalt und Pflege sind teuer. Allein die Kraftfahrzeugsteuer kann den Oldtimerbesitzer schon viel Geld kosten, haben seine Schmuckstücke doch meist keinen Katalysator, dafür aber nicht selten große Motoren. In einer größeren Stadt ist die Ausfahrt mit dem Oldie aber trotz hoher Steuerzahlungen nicht erlaubt, denn die für die Einfahrt in Umweltzonen notwendige Feinstaubplakette bekommt er nicht.

Zum Glück vieler Oldtimerfans hatte der Gesetzgeber ein Einsehen und hat eine Regelung für diese Fahrzeuge geschaffen. Dazu hat man zuerst einmal definiert, wann ein Oldtimer auch im Sinne des Gesetzes Oldtimer ist. In § 2 der Fahrzeug-Zulassungsverordnung findet sich die Erklärung für den Laien, der darunter nur ein schönes altes Fahrzeug versteht: »Oldtimer: Fahrzeuge, die vor mindestens 30 Jahren erstmals in Verkehr gekommen sind, weitestgehend dem Originalzustand entsprechen, in einem guten Erhaltungszustand sind und zur Pflege des kraftfahrzeugtechnischen Kulturgutes dienen«. Wird ein Fahrzeug als Oldtimer eingestuft, kann ein besonderes Kennzeichen für historische Fahrzeuge zugeteilt werden, zu erkennen an einem nachgestellten H auf dem Nummernschild. Mit der Zuteilung verbunden ist die pauschale Erhebung der Kfz-Steuer und die Genehmigung, auch ohne Plakette in eine Umweltzone zu fahren.

Wie unterscheidet man nun aber einen 30 Jahre alten Gebrauchtwagen von einem erhaltungswürdigen Oldtimer? Schließlich soll ja nicht jedes abgewetzte Altauto in den Genuss der Vergünstigungen kommen. Schon vor einigen Jahren hat man sich entschieden, ein Gutachten für das Fahrzeug anzufordern, das den erhaltungswürdigen Zustand und den Wert als automobiles Kulturgut bestätigt. Die Anforderungen für die Einstufung waren schon immer recht streng. Die Fahrzeuge müssen in gutem Zustand sein und dürfen nicht nachträglich wesentlich verändert worden sein. Akzeptiert werden nur Änderungen, die schon bei der Zulassung üblich waren, wie etwa das Montieren anderer Räder oder Ähnliches.

2011 wurden die Anforderungen an einen Oldtimer nochmals neu definiert. Die »Richtlinie zur Begutachtung von Oldtimern nach § 23 StVZO« legte neu fest, welche Kriterien ein Oldtimer zu erfüllen hat. Die Kriterien in dieser

Richtlinie sind so kurz gehalten, dass sie nicht wirklich weiterhelfen. Kein Oldie-Besitzer kann danach sein Fahrzeug so auf eine Begutachtung vorbereiten, dass er sich einigermaßen sicher sein kann, die begehrte Einstufung als historisches Fahrzeug zu bekommen. Darum sollte eine Arbeitsgruppe aus Vertretern der Prüforganisationen Arbeitsanweisungen für die Prüfingenieure ausarbeiten, die zu klareren Abgrenzungen zwischen Oldtimern und Gebrauchtwagen führen.

Eigenartig ist allerdings der Umgang mit diesen Arbeitsanweisungen. Möchte jemand seinen Oldtimer zur Begutachtung vorführen, ist es sicherlich sinnvoll, wenn er vorher weiß, was ihn erwartet. Genau das haben die Prüforganisationen aber nicht vorgesehen. Sie wollten die Arbeitsanweisung als internes Arbeitspapier behandeln und nicht veröffentlichen. Erst etwa ein Jahr nach Inkrafttreten der neuen Regelungen wurde in der Fachpresse auch die Arbeitsanweisung veröffentlicht. Diese enthält zwar nun konkrete Angaben für die Prüfung, beseitigt aber längst nicht alle Fragen, die in der Richtlinie offengelassen wurden. Der Gesamteindruck ist auch hier nichts Neues: Eine Regelung wurde so unpräzise formuliert, dass auch mit nachträglichen Konkretisierungen keine Klarheit geschaffen werden kann.

PFERDESTEUER

Kfz-Steuer, Hundesteuer und viele andere Abgaben sind alte Bekannte. In Zeiten knapper Kassen sind Bund, Länder und Kommunen aber auf steigende Einnahmen angewiesen. Wen wundert es da, wenn nach neuen Steuersubjekten gesucht wird, die zu neuen Einnahmen führen könnten?

Nicht zum ersten Mal wird man dabei erfinderisch. Bund und Länder haben größere Auswahlmöglichkeiten, Steuern zu verändern oder neue Abgaben einzusetzen, Gemeinden und Kommunen dagegen bleibt recht wenig Spielraum. Neben Grundsteuer und Gewerbesteuer können sie nur über wenige Steuern autonom entscheiden. Eine der bekanntesten kommunalen Aufwandsteuern ist die Hundesteuer.

In der hessischen Gemeinde Bad Sooden-Allendorf kam man angesichts mehr als klammer Gemeindefinanzen auf den Gedanken, neben der Hundesteuer zukünftig auch eine Pferdesteuer zu erheben. Nachdem schon einige Gemeinden diese Idee in Erwägung gezogen hatten, ging man hier an die Umsetzung. Seit dem 1. Januar 2013 kostet ein Pferd pro Jahr 200 Euro Pferdesteuer. Davon erhofft man sich pro Jahr 30.000 Euro zusätzliche Einnahmen für den knappen Stadtsäckel. Leider war nicht herauszufinden, was von diesen möglichen Einnahmen übrig bleiben wird, wenn die Kosten für die Erfassung der Tiere und die Erstellung der Steuerbescheide abgerechnet werden. Da dürften nur wenige Tausend Euro herauskommen, die helfen sollen, die Gemeindeschulden von rund 80 Millionen Euro abzubauen.

Ein Erfolg ist aber sicher. Bereits die Überlegungen zur Einführung der Pferdesteuer haben große Resonanz in der Öffentlichkeit gefunden. Widerstand gegen die Pläne wurde aus dem ganzen Bundesgebiet laut, fürchteten doch Pferdebesitzer allerorten, dass andere Gemeinden dem Beispiel folgen könnten.

Wirtschaftlich dürfte die Steuer nicht zum Erfolg werden. Die Landesgrenze zu Thüringen liegt gerade einmal 700 Meter entfernt. Werden Pferde dort in einem Reitstall untergestellt, wird keine Steuer fällig, weil die Stadt dort kein Besteuerungsrecht mehr hat. Damit gehen nicht nur der Stadt die Einnahmen aus der Pferdesteuer verloren. Auch die örtlichen Reiterhöfe bangen um ihre Existenz. Erste Betriebe berichten schon von Leerstand und abwandernden Kunden.

Damit fällt wohl nicht nur die Pferdesteuer geringer aus als erwartet, auch die Einnahmen aus der Einkommen- und

Gewerbesteuer sinken. Mit Spannung dürfen wir die endgültigen Folgen der Steuerinnovation Pferdesteuer auf den nächsten Haushalt der Stadt erwarten. Noch werden Wetten angenommen, ob tatsächlich steigende Einnahmen verbucht werden können.

Auf gute Einnahmen aus der Pferdesteuer hoffen offensichtlich die Gemeinden Kirchheim und Schlangenbad. Die beiden Gemeinden haben beschlossen ab 2014 ebenfalls Pferdesteuer zu erheben.

QUALITÄTSMANAGEMENT

Qualität stammt vom lateinischen *qualitas*, Eigenschaft, ab und beschreibt zuerst einmal neutral die Eigenschaften einer Sache oder Leistung. In so manchem Unternehmen muss man aber denken, das Wort habe seinen Ursprung in »quälen«. Zumindest entsteht dieser Eindruck, wenn man sich die selbst auferlegte Bürokratie bestimmter Qualitätsmanagementsysteme ansieht. Die Qualität der eigenen Produkte oder Dienstleistungen zu steigern und dauerhaft zu sichern ist das Ziel bei deren Einführung. Gleichzeitig sollen im Idealfall die Kosten des Unternehmens reduziert werden. Schon seit Jahren geistert die Mär von der planbaren Qualität durch die Unternehmen.

Systematische Qualitätssicherung wurde zuerst in Produktionsbetrieben eingeführt. Dazu legte man verbindliche Verfahrensweisen und Standards für Produktionsprozesse und Kontrollverfahren fest. War das zunächst ein interner Vorgang, verlangten immer mehr große Unternehmen die Einführung eines Qualitätsmanagementsystems auch von ihren Lieferanten und Zulieferern. Zur Kontrolle, ob die Wünsche des Kunden auch eingehalten werden, wurde eine Zertifizierung, eine externe Prüfung des Qualitätsmanagementsystems, vom Lieferanten verlangt.

Das war der Startschuss für eine selbst auferlegte bürokratische Achterbahnfahrt. Wie kontrolliert man Qualitätskontrollen und Qualitätssicherungsmaßnahmen im Voraus? Dazu machten sich eine Menge kluger Leute Gedanken. Ihre Idee: Sind die Verfahren möglichst präzise definiert, kann dabei auch wenig schiefgehen. Die Qualität müsste steigen, wenn jeder Mitarbeiter sich an die Vorgaben der dokumentierten Definition hält. Eine Dokumentation ist auch bei einer Überprüfung leicht zu kontrollieren. Man kann zuerst die Dokumente selbst ansehen und danach durch Beobachtung des Betriebsablaufs und Befragung der Mitarbeiter feststellen, ob die Vorgaben auf dem Papier auch in der Praxis eingehalten werden. Außerdem, so argumentieren vor allem Beratungsunternehmen, die sich auf Qualitätsmanagement spezialisiert haben, fallen bei der Aufzeichnung der Prozesse Optimierungs- und Einsparpotenziale ins Auge. Am Ende soll also auch Geld gespart werden.

Die Aufzeichnung von Arbeitsschritten und ihre Erläuterung in Prozessbeschreibungen und -modellen führt zunächst einmal zu reichlich Aufwand. Viele Unternehmen haben Tausende von Seiten an Prozessbeschreibungen und Handlungsanweisungen produziert. Um die Prozessqualität zu garantieren, werden diese Handbücher anschließend ergänzt um eine Flut von Vordrucken und Formularen, die in bestimmten Situationen benutzt werden sollen.

Nicht selten kommt dabei eine Flut von Formularen und Papier heraus, die im Alltag nicht mehr genutzt wird. Von Vereinfachung und Ersparnis kann nicht mehr die Rede sein. In vielen Fällen kennen die Mitarbeiter das eigene System kaum, sodass Qualitätsmanagement wirklich zur Qual wird.

Übrigens attestiert eine Zertifizierung im Qualitätsmanagement nur, dass ein Unternehmen Qualitätsanforderungen festgelegt hat und diese selbst gesetzten Anforderungen erfüllt. Wie hoch die gestellten Anforderungen sind, sagt das Zertifikat nicht aus. Es ist also auch möglich, ein Zertifikat über das Qualitätsmanagement für ein Produktionsverfahren zu erhalten, das nur minderwertige Ergebnisse erzielt, dieses geringe Ziel aber zuverlässig und gleichbleibend kontrolliert erreicht.

Gelingt die Vereinheitlichung von Prozessen in Produktionsunternehmen noch einigermaßen, stößt das System dann an seine Grenzen, wenn mit Menschen gearbeitet wird, die individuelle Anforderungen und Bedürfnisse mitbringen. Egal ob Erziehung und Bildung, medizinische und psychologische Versorgung oder etwa Jugendhilfe, keines der genannten Tätigkeitsgebiete lässt sich so weit standardisieren, dass ein jederzeit einheitliches Vorgehen möglich wäre. Dennoch werden auch in diesem Bereich immer mehr Qualitätsmanagementsysteme eingeführt und zertifiziert. Ob dadurch tatsächlich bessere Ergebnisse erzielt werden, darf angezweifelt werden. Kommt man zum Arzt, möchte man nicht nach einem Standardverfahren befragt und untersucht werden. Der Patient darf doch erwarten, dass seine individuellen Beschwerden und Probleme aufgenommen und nach seinen Bedürfnissen behandelt werden. Er wünscht anstelle eines genormten und prüfbaren Ablaufs eine als hochwertig empfundene Behandlung.

Als ich den Augenarzt wechselte, kam ich zum ersten Mal in eine Arztpraxis, die mit ihrer zertifizierten Qualität auch im Internet wirbt. Zur kontinuierlichen Qualitätsverbesserung gehörte in diesem Fall auch die Befragung der Patienten nach ihrem persönlichen Eindruck von der gebotenen Leistung. Dieses Feedback gebe ich natürlich gerne, wenn es dazu beiträgt, dass sich für mich bei weiteren Besuchen alles noch angenehmer gestaltet. Doch ich bekam ein Beispiel dessen geboten, was aus Qualitätsmanagement werden kann, wenn es nur um eines Zertifikates willen durchgeführt wird. Direkt nach der Anmeldung wurde mir der Feedbackfragebogen in die Hand gedrückt. Noch bevor ich den Arzt überhaupt gesehen hatte, sollte ich darüber Auskunft geben, wie kompetent er wirkt und wie freundlich ich behandelt wurde. So wird ein Qualitätsmanagement nur schwer zu einer Verbesserung führen. Der einzige Fortschritt, der in diesem Fall erreicht wird, ist ein weiteres dokumentiertes Formular für die Ablage und Statistik.

Ähnliche Erfahrungen kann man in Schule, Kinder- und Jugendarbeit machen. Werden Prozesse und Kontrollen detailliert festgeschrieben, nimmt das den einzelnen Fachkräften die Freiheit, nach individuellem Ermessen zu entscheiden und sich an den konkreten Bedürfnissen der betreuten Kinder und Jugendlichen zu orientieren. Die detaillierten Vorschriften, deren Einhaltung auch noch regelmäßig geprüft werden soll, schränken die Spielräume für die Mitarbeiter ein und verhindern damit eher eine effektive Weiterentwicklung.

RECYCLING – VERPACKUNGS-VERORDNUNG

Umweltschutz wird bei uns großgeschrieben und das ist auch gut so. Wie so oft geht es auch in diesem Bereich nicht ohne gesetzliche Regelungen. Mit der zunehmenden Verbreitung von Einwegflaschen und Dosen sind die Gesetzgeber aktiv geworden. Seit 2003 greift die Verpackungsverordnung und schreibt für Einweg-Getränkeverpackungen die Erhebung von Pfand vor.

Schon die Einführung des Einwegpfands war ein aufwendiges Verfahren. Die Verpackungsverordnung von 1991 sah vor, dass bei Absinken des Mehrweganteils für bestimmte Getränkeverpackungen eine Pfandpflicht auf Einwegverpackungen eintritt. Das tatsächliche Konsumentenverhalten war dann der letzte Auslöser: 2002 sank der Mehrweganteil bei Bier, Mineralwasser und Limonade unter die Grenze von

72 Prozent, sodass ab dem 1. Januar 2003 diese Getränke nur noch in pfandpflichtigen Einwegverpackungen verkauft werden durften. Da viele andere Getränke noch pfandfrei verkauft wurden, war die Regelung schon damals für den Kunden nur schwer zu verstehen.

Inzwischen ist der Anteil an Mehrwegverpackungen weiter abgesunken und das Pfand auf Einwegflaschen zur Regel geworden. Auf alle Einwegflaschen? Nein, noch immer gibt es Getränkeflaschen, auf die kein Pfand erhoben wird. Die Regelungen für die Pfanderhebung sind in der Zwischenzeit nicht einfacher geworden.

Die einfache Logik, dass eine Kunststoff- oder Glasflasche für Getränke mit Pfand belegt wird, geht nicht auf. Nicht nur auf die Flasche, auch auf den Inhalt kommt es an. Der gleiche Typ von Einwegflasche kann also einmal mit Pfand belegt werden und ein anderes Mal nicht.

Pfandfrei sind Fruchtsäfte, Fruchtnektare, Gemüsesäfte und Milch, aber auch Wein, Sekt und Spirituosen, und zwar unabhängig von der Verpackung. Außerdem können Verpackungen mit weniger als 0,1 Liter Inhalt oder mehr als 3 Liter Inhalt noch immer ohne Pfand verkauft werden. Diese Packungsgrößen machen nach Ansicht der Väter der Verpackungsverordnung nur einen geringen Marktanteil aus und sind damit nur von geringer ökologischer Bedeutung. Außerdem seien die Pfandrücknahmeautomaten für diese Verpackungen nicht ausgelegt.

So wurde eine Nische für Anbieter geschaffen, die eine Pfanderhebung vermeiden wollten. Erfrischungsgetränke werden gerne in großen Flaschen eingekauft. Also machte man aus der Not eine Tugend und füllte die Brausen in Flaschen mit 3,001 Liter Inhalt. Damit konnte man zu der verkaufsfördernden Großflasche gleich auch noch mit dem fetten Aufdruck »pfandfrei« werben. So hatte sich das der damalige Umweltminister Trittin sicher nicht gedacht. Ziel der komplizierten Regelung war es, den Anteil an Mehrwegverpackungen auf einem hohen Niveau zu halten und den Marktanteil »ökologisch nicht vorteilhafter Getränkeverpackungen« zu senken.

Zehn Jahre nach Einführung der Pfandpflicht ist das Ergebnis der Anstrengungen ernüchternd. Schon 2010 erfolgte eine umfassende Überprüfung der Ergebnisse durch das Bundesumweltministerium. Der Anteil der Mehrwegverpackungen ist weiter stetig gesunken. Stattdessen stieg der Marktanteil der Einweg-Kunststoffflaschen in allen Bereichen weiter stark an. Lediglich die Getränkedosen konnten durch das Pfandsystem in weiten Teilen vom Markt verdrängt werden und spielen nur noch eine geringe Rolle.

Die Forscher kamen bei ihren Untersuchungen zu dem Ergebnis, dass eine große Zahl von Verbrauchern gar nicht mehr weiß, ob sie Einweg- oder Mehrwegflaschen kaufen. Denn in den Köpfen ist noch immer verankert: Wo Pfand erhoben wird, handelt es sich um eine Mehrwegverpackung. Mit den verwirrenden Regelungen hat man wie so oft das Ziel verfehlt. Eine klare und einfache Regelung ohne viele Ausnahmen hätte viel Bürokratie gespart und Kunden und Industrie genützt.

RUNDFUNKGEBÜHREN/GEZ

Über Jahrzehnte waren die öffentlich-rechtlichen Rundfunksender allein am Markt. In dieser Zeit hatte niemand ein Problem damit, die Sender durch einen Rundfunkbeitrag zu finanzieren. Wer fernsehen wollte, sollte dafür auch zahlen. Nach diesem Prinzip war auch die Gebührenerhebung der GEZ aufgebaut. Eine Gebühr wurde fällig, wenn ein Empfangsgerät bereitgehalten wurde oder anders: Wer einen Fernseher besaß, zahlte die Gebühr für den Fernsehempfang. Keine Empfänger bedeutete auch keine Gebühr.

Kritische Fragen zur Rundfunkgebühr gab es mit den ersten privaten Fernsehsendern, die offensichtlich auch ohne einen Anteil am Gebührenkuchen allein aus ihren Werbeeinnahmen leben konnten. Die Fragen parierten die Sender noch entspannt mit ihrem politischen und kulturellen Bildungsauftrag. So weit, so gut.

Großen Unmut erregte die Erhebung von Rundfunkgebühren auf sogenannte neuartige Empfangsgeräte seit 2007. Damit waren vor allem Computer mit Internetzugang gemeint, die ebenfalls das Abrufen von Rundfunkbeiträgen erlauben. Die Frage, ob auch für den Computer im Büro eine Rundfunkgebühr erhoben werden darf, beschäftigte sogar das Bundesverfassungsgericht. Gerade noch rechtzeitig vor der Reform der Gebührenerhebung entschieden die Verfassungsrichter im Oktober 2012, dass auch auf Computer eine Rundfunkgebühr erhoben werden durfte.

Mit dem Jahreswechsel hatte sich die Frage dann für die Zukunft von selbst erledigt. Seit 2013 wird die Rundfunkgebühr nicht mehr abhängig davon erhoben, ob ein Empfangsgerät vorhanden ist, sondern danach, ob jemand grundsätzlich fernsehen könnte. Damit muss jeder Haushalt einen Rundfunkbeitrag, so die neue Bezeichnung ab 2013, zahlen. Für den Privathaushalt hat sich nicht viel verändert, die Belastung mit Gebühren blieb unverändert. Teuer und aufwendig wird es aber für Unternehmen. Bisher mussten sie nur die Geräte anmelden, die tatsächlich im Betrieb vorhanden waren. Mit der Abkopplung des Beitrags von den vorhandenen Geräten ist aber ein neuer Gebührenschlüssel nötig geworden. Den hat man auch schnell gefunden. Betriebsstätten und Beschäftigte müssen künftig als Maßstab für die Rundfunkgebühr herhalten. Nun muss für jede Betriebsstätte Rundfunkgebühr gezahlt werden, egal ob es dort Rundfunkgeräte gibt oder nicht. Das trifft vor allem Filialbetriebe mit zahlreichen Standorten, aber auch Kommunen.

Im Januar 2013 stöhnte die Stadt Köln bereits laut auf. Die Rheinländer kündigten an, die Zahlung von Rundfunkbeiträgen zunächst einmal zu stoppen, weil man nicht wisse, wie viel Gebühr man eigentlich zu zahlen habe. Denn nun ist jede von der Stadt unterhaltene Betriebsstätte gebührenpflichtig. Köln muss nun erst einmal zählen, wie viele Betriebsstätten es gibt – dazu gehören übrigens auch Müllrecycling-Anlagen und Kindertagesstätten, in denen keine Rundfunkgeräte betrieben werden. Man befürchtete einen Anstieg der Gebührenbelastung von 67.000 auf 150.000 Euro. Anderen Städten geht es nicht besser, auch hier werden drastische Kostensteigerungen erwartet.

Auch der Einzelhandel stöhnt unter der neuen Abgabe. Die Drogeriekette Rossmann kündigte bereits eine Klage gegen den neuen Beitrag an, da man mit einer Mehrbelastung von fast 200.000 Euro im Jahr rechnet, obwohl das Rundfunkangebot in den Filialen nicht genutzt wird.

Während Städte und Unternehmen noch zählen und rechnen, streiten sich bereits die Verfassungsrechtler um das neue Gebührenmodell. Der Leipziger Verfassungsrechtler Degenhart meldete erhebliche Zweifel an der Verfassungsmäßigkeit des Rundfunkbeitrags an. Wegen der Ausgestaltung als allgemeine Abgabe handele es sich nicht mehr um einen Beitrag, den die Länder nach dem Rundfunkstaatsvertrag festsetzen konnten, sondern um eine Steuer. Eine bundesweite Steuer fällt aber unter die Gesetzgebungskompetenz der Bundesregierung. Damit durften die Länder nach Meinung Degenharts den Beitrag in dieser Form gar nicht rechtmäßig beschließen.

Daran hat wohl bei den Verhandlungen zur Neuordnung der Rundfunkgebühren niemand gedacht. Man wollte vereinfachen und hat dabei die Angelegenheit zunächst verkompliziert. Nebenbei wurde vergessen zu prüfen, ob man die Neuregelung in dieser Form überhaupt beschließen durfte. Möglicherweise hat man damit seine Kompetenzen weit überschritten. Bleibt nur noch abzuwarten, wann die erste Klage gegen das neue Gebührenmodell bei den Verfassungsrichtern in Karlsruhe eingeht.

SCHNULLERHALTERNORM

Für die Sicherheit unserer Kinder ist uns kein Aufwand zu groß und keine Bürokratie zu aufwendig. So gibt es auch eine Norm für die Herstellung von Schnullerhaltern, besser als Schnullerketten bekannt. Darin wird genau geregelt, wie eine Schnullerkette auszusehen hat.

Die Länge darf beispielsweise nicht mehr als 220 Millimeter betragen. So ist sichergestellt, dass kein Kind sich die Schnullerkette versehentlich um den Hals schlingen und sich damit strangulieren kann. Auch die Gestaltung der Clips ist genau vorgegeben. Es müssen Löcher im Clip sein, damit ein Kind, wenn es den Clip in den Mund nimmt, auch dann noch ausreichend Luft bekommt. Daneben enthält die Norm präzise Vorschriften, wie die Gebrauchsanweisung aussehen muss. Insgesamt sind die Regelungen so detailliert, dass sie mehr als 50 Seiten Text füllen.

Da mag man sich zunächst freuen, dass sich zahlreiche Beamte um die Sicherheit unserer Kinder sorgen. Doch liest man die Einleitung der Norm, kommen Zweifel auf. Dort findet sich diese Hinführung auf den Inhalt: »Die Anzahl der Unfälle, die durch Schnuller verursacht werden, ist gering und solche Unfälle, die einen tödlichen Ausgang haben, sind so gut wie nicht bekannt. Eine geringe Anzahl Kinder ist jedoch infolge von Unfällen gestorben, an denen ein Schnuller ursächlich war. Der Tod trat fast immer durch Strangulieren mit einem Band oder einer Schnur ein, mit deren Hilfe ein Schnuller um den Hals eines Kindes gehängt war (dilettantische Selbstkonstruktionen). Diese Bänder oder Schnüre waren als Befestigung für Schnuller nicht geeignet, waren zu anderen Zwecken hergestellt (z. B. Schnürsenkel) und damit für das Kind höchst gefährlich. Folglich ist eine Sicherheitsnorm für Schnullerhalter außerordentlich wichtig.«

Die Logik der Normurheber ist für den Normalbürger nicht nachvollziehbar. Sie geben selbst zu, dass mit industriell gefertigten Produkten keine schweren Unfälle bekannt sind. Tödliche Unfälle kamen nur mit Selbstkonstruktionen vor, die von Anwendern gebastelt wurden, die vermutlich nicht einmal wussten, dass eine Norm für Schnullerhalter existiert. Wie gerade diese Bastler durch eine strenge Norm von ihren Versuchen abgehalten werden sollen, steht allerdings nicht in den amtlichen Texten. Denn von der Existenz der Norm wissen die Heimwerker wohl in den seltensten Fällen.

SEILBAHNGESETZ

Wer in eine Seilbahn steigt, möchte sicher sein, dass er diese auch wieder gesund und munter verlässt. Wenn ich Seilbahn fahre, ist das meistens in der Freizeit oder im Urlaub. Ich habe gute Laune und mache mir um Bauvorschriften keine Gedanken. Die sollen die zuständigen Baubehörden überwachen. Das sieht auch die EU so. Damit das sichergestellt ist, hat sie ihre Mitgliedsstaaten verpflichtet, entsprechende Sicherheitsnormen für Seilbahnen festzuschreiben. Bereits im Jahr 2000 hat man eine Richtlinie über Seilbahnen im Personennahverkehr verabschiedet, die anschließend in nationales Recht umgesetzt werden musste.

In Brüssel hat man richtig erkannt: »Der Betrieb von Seilbahnen ist insbesondere mit dem Tourismus, vor allem in Bergregionen, verbunden, der für die Wirtschaft der betroffenen Regionen eine wichtige Rolle spielt …« Man hielt es für notwendig, die Anforderungen an den Betrieb von Seilbahnen europaweit festzulegen. Auf 28 Seiten setzt sich das europäische Parlament deswegen mit Seilbahnen auseinander und legt fest, was überhaupt eine Seilbahn ist und wie diese gebaut werden muss. Als Ergebnis müssen die Mitgliedsstaaten diese Richtlinie in nationales Recht überführen. Das bedeutet, es müssen Landesgesetze erlassen werden, die sich an den Anforderungen aus Brüssel orientieren.

In Deutschland fällt diese Umsetzung in die Regelungskompetenz der Bundesländer. Geradezu absurd ist dabei, dass nun jedes Bundesland eine Bestimmung für den Bau und den Betrieb von Seilbahnen ausarbeiten und erlassen musste. Dabei spielte es keine Rolle, ob über Seilbahnen in Bayern zu beschließen war, wo es auch genug Berge gibt, die sich per Seilbahn erschließen lassen, oder aber Bundesländer wie Mecklenburg-Vorpommern, Hamburg, Bremen oder Berlin sich Gedanken um die Ausgestaltung der Vorschriften machen mussten, obwohl die Landschaft dort derart flach ist, dass es schlicht gar keine Möglichkeit gibt, eine Seilbahn zu errichten. Darüber machte man sich in Brüssel wohl wenig Gedanken. Beschlossen ist beschlossen, also hatte es eine Regelung zu geben. Allein in Deutschland hatten die Länderparlamente reichlich mit der Umsetzung der Richtlinie zu tun. Damit waren sie sicherlich nicht allein, denn auch die für ihre hohen Berge bekannten Niederlande sind Mitglied der EU. Einschlägige Skiführer im Internet listen genau 0 Seilbahnen für das Skigebiet Niederlande auf. Doch wir können unsere Nachbarn trösten. Ganz umsonst war die Arbeit nicht. Für die internationale Gartenschau *Floriade* 2012 wurde in Venlo tatsächlich eine Personenseilbahn gebaut, mit der die Besucher über das Gelände gleiten konnten. Endlich ein Bauwerk, das von der EU-Richtlinie erfasst wurde. Das wirft nur noch die Frage auf, ob die Seilbahn vor allem deshalb eingerichtet wurde, damit man Gelegenheit hatte, die Praxistauglichkeit des niederländischen Seilbahngesetzes zu prüfen.

In Hamburg führte die Richtlinie des Europäischen Parlaments über Seilbahnen für den Personenverkehr 2003 zu einer denkwürdigen Gesetzesvorlage. Ein Gesetzentwurf wurde bereits vom Senat mit einer Vorbemerkung zu dessen Entstehung versehen, die eher eine Entschuldigung ist, dass der Gesetzentwurf überhaupt zur Entscheidung vorgelegt wird. »Der Senat strebt, wie mehrfach bekundet, einen Abbau überflüssiger Rechts- und Verwaltungsvorschriften an. Daher ist es folgerichtig, bei dem Erlass neuer Vorschriften besonders kritisch zu prüfen, ob diese zwingend erforderlich sind. Vor diesem Hintergrund bedauert der Senat, der Bürgerschaft den anliegenden Gesetzentwurf zuleiten zu müssen.«

Auch die Bergregionen Mecklenburg-Vorpommern und Berlin, deren höchste Erhebungen 179 Meter und 114 Meter hoch sind, waren gezwungen, ein Seilbahngesetz zu erlassen, um schmerzhaften Bußgeldbescheiden aus Brüssel zu entgehen.

Was wie eine Provinzposse klingt, ist leider bittere Realität. Wen außer einige absolute Europaverfechter mag es da noch wundern, wenn die Bürger nicht mehr verstehen, was in Brüssel beschlossen wird. Da helfen auch keine Expertenkommissionen zum Abbau der Bürokratie.

SEKTSTEUER

Es gibt Steuern, die dürfte es eigentlich gar nicht mehr geben. Eine solche Steuer ist die Schaumweinsteuer, auch Sektsteuer genannt. Sie wurde ursprünglich 1909 eingeführt, um den Ausbau der kaiserlichen Kriegsflotte zu finanzieren. So hieß es in der damaligen Gesetzesbegründung: »weil bei einer so starken Steigerung der Ausgaben für die Wehrkraft des Landes auch der Schaumwein herangezogen werden muss.« Auch wenn das Kaiserreich 1918 endete, blieb die Steuer bestehen. Zu dringend benötigte man auch weiterhin die Einnahmen.

Damit den Deutschen in der Wirtschaftskrise nicht der Durst verging, wurde die Steuer 1933 zunächst ausgesetzt. Die Entlastung war nicht von langer Dauer, 1939 wurde sie als Kriegszuschlag wieder eingeführt und sollte vor allem die Finanzierung der U-Boot-Flotte sichern. Mit der Gründung der Bundesrepublik Deutschland 1949 gingen die Erhebung der Steuer und die Einnahmen daraus auf die Bundesregierung über.

Zu dieser Zeit hatte Deutschland weder eine Kriegsflotte noch eine U-Boot-Flotte und die damals mit der Steuer bezahlten Schiffe gab es auch nicht mehr. Doch auch wenn sich bereits in den 1950er-Jahren Widerstand gegen die Steuer formierte, war kein Finanzminister bereit, sie auszusetzen, obwohl die ältesten Presseberichte schon zu den historischen Dokumenten zählen. Bereits in seiner Ausgabe vom 18. Mai 1950 berichtete der *Spiegel* von Protestaktionen der Sekthersteller am damaligen Regierungssitz Bonn.

Aus einer zweckgebundenen Steuer wurde nach 1949 eine allgemeine Steuer, die man zur Finanzierung des Staatshaushaltes heranzog. Mit einem Betrag von inzwischen 1,02 Euro je Flasche beteiligen sich die Schaumweinfreunde noch immer daran. Unter Steuerexperten ist die Schaumweinsteuer allerdings mehr als umstritten. Sie wird zu den Bagatellsteuern gezählt. Mit einem jährlichen Steueraufkommen von etwa 500 Millionen Euro spült sie vergleichsweise wenig Geld in die Kassen. Zugleich erfordert die Erhebung der Steuer einen hohen Kontroll- und Verwaltungsaufwand, der die Nettoerträge für den Fiskus weiter reduziert. Eine Aussetzung der Steuer würde vermutlich nicht nur den Verbraucher entlasten, sondern dazu noch Kapazitäten in der Finanzverwaltung freisetzen, die für die Beitreibung anderer Steuern eingesetzt werden könnten.

Sollten wir uns also endgültig von der Steuer zur Finanzierung der Flotte verabschieden?

SONNENSCHUTZ

Strahlung kann äußerst ungesund sein. Vor allem ein Zuviel an UV-, Röntgen- oder Laserstrahlung kann erhebliche Schäden verursachen und Krebs auslösen. Darum hat man sich auch bei der EU Gedanken gemacht und schon vor Jahren eine Richtlinie zum Schutz von Arbeitnehmern vor Gefährdungen durch optische Strahlung erarbeitet.

In den ursprünglichen Entwürfen waren auch Vorschriften enthalten, nach denen Arbeitgeber ihre Mitarbeiter über die Gefahren natürlicher UV-Strahlung aufklären mussten. Außerdem sollten Arbeitnehmer, die im Freien arbeiten, im Gebrauch von Sonnenschutzmitteln unterwiesen und über die Wetteraussichten informiert werden.

Es ist unbestritten, dass ein Zuviel an Sonnenstrahlen das Risiko einer Hautkrebserkrankung erhöht und vermieden werden sollte. Hier waren sich zu Beginn der Diskussion um die Richtlinien alle Beteiligten einig. Völlig uneinig war man sich dagegen, ob die Maßnahmen zum Sonnenschutz unbedingt in einer EU-Richtlinie und den Arbeitsschutzregeln verankert werden müssen. Während Fachleute für Arbeitssicherheit für eine gesetzliche Regelung waren, liefen der Zentralverband des Handwerks und andere Sturm gegen die Vorschriften. Sie befürchteten ein enges Korsett aus Regeln besonders für Bauunternehmen, deren Mitarbeiter zwangsläufig täglich viele Stunden dem Sonnenlicht ausgesetzt sind. Mit Recht führten sie das Argument ins Feld, dass die Mitarbeiter durchaus in der Lage sein sollten, sich selbst über das Wetter zu informieren und eigenverantwortlich zu entscheiden, ob ein Sonnenschutz erforderlich ist. In der Presse wurde die geplante Verordnung schon als Sonnencremerichtlinie und T-Shirt-Verordnung für Bauarbeiter bezeichnet.

Zum guten Schluss der Diskussionen beschränkte man sich auf Vorgaben für den Schutz vor künstlichem UV-Licht am Arbeitsplatz und verzichtete auf den bürokratischen Aufwand, Sonnenschutzmaßnahmen per Gesetz vorzuschreiben. Einige mögen es bedauern, wer aber Bürokratie und gesetzliche Regelungen auf das Notwendigste beschränkt sehen möchte, darf sich freuen.

Es bleibt auch weiterhin dem gesunden Menschenverstand des Einzelnen überlassen, ob und wie er sich gegen einen Sonnenbrand schützen möchte. Damit sind dann hoffentlich auch alle Mallorca-Urlauber vor der logischen Fortsetzung einer Sonnenschutzverordnung geschützt: der Verpflichtung zur Benutzung von Sonnencreme vor dem Betreten des Badestrands.

STEUERGESETZE

Die Steuererklärung kann auf einen Bierdeckel passen. Das meinte Friedrich Merz schon vor Jahren. Doch die steuerlichen Vorschriften stehen dem entgegen und so bleibt das trotz unzähliger Steuerreformen und Steuervereinfachungsgesetze wohl noch lange ein Traum.

Wer kann schon guten Gewissens seine Steuererklärung abgeben und dabei sicher sein, alle Angaben in Übereinstimmung mit den geltenden Steuergesetzen gemacht zu haben? Immerhin hat man das Formular inzwischen leicht verändert. Sie müssen nicht mehr die Richtigkeit der Angaben bestätigen, sondern dass Sie alle Angaben wahrheitsgemäß und nach bestem Wissen und Gewissen gemacht haben.

Selbst die Fachleute sind inzwischen mit der Vielfalt steuerlicher Sonderfälle, Ausnahmen und den Kombinationsmöglichkeiten überfordert. Nicht nur, dass es zu beinahe jeder Regelung einen Ausnahmetatbestand gibt, sondern auch die Tatsache, dass jedes Jahr gravierende Änderungen vorgenommen werden, macht das gesamte System mehr und mehr undurchschaubar. Viele Änderungen sind weniger zur Steuervereinfachung vorgenommen worden, sondern haben politische Gründe. Entweder ein bestimmter Sachverhalt soll durch Steuererleichterungen gefördert werden oder aber es sollen Steuerschlupflöcher geschlossen werden, die mit früheren Förderbedingungen in den Steuergesetzen geschaffen wurden.

Nach der Wiedervereinigung sollte das Fördergebietsgesetz Investoren dazu bewegen, in den neuen Bundesländern zu investieren und dort Wohnraum zu schaffen. Um einen Anreiz zu bieten, wurden steuerliche Vergünstigungen durch eine schnellere Abschreibung in Aussicht gestellt. Nur wenige Jahre später musste man feststellen, dass die gut gemeinten Pläne nicht funktioniert hatten. Es wurden zwar viele Immobilien gebaut, doch mit dem tatsächlichen Wohnraumbedarf hatten die Investitionen nicht viel zu tun. Der hatte sich inzwischen nämlich stark verändert, sodass viele der mit hohen Summen geförderten Wohnungen schließlich leer standen. Dafür hatten sich ganze Berufsgruppen darauf spezialisiert, Ostimmobilien vermögenden Kunden als Steuersparinvestment zu verkaufen.

Von Logik und Systematik kann im deutschen Steuerrecht schon lange nicht mehr die Rede sein. Dank zahlreicher Ergänzungen und Sonderregelungen ist selbst für Experten wie Steuerberater und Finanzbeamte die rechtssichere Anwendung der Gesetze schwer geworden. Unter Steuerexperten kursiert seit Jahren die Anekdote, dass 60 bis 80 Prozent der weltweit veröffentlichten Steuerfachliteratur in deutscher Sprache erscheinen. Dabei machen die eigentlichen Gesetzestexte nur einen verschwindend geringen Anteil der Publikationen aus. Viel mehr Volumen haben die zahlreichen Erläuterungen, Kommentierungen und Verwaltungsanweisungen, die helfen sollen, die Gesetze anzuwenden. Passt beispielsweise das Einkommensteuergesetz noch auf etwa 250 Seiten, ist es keine Schwierigkeit, viele Tausend

Seiten an Kommentaren, Anwendungserlassen und Erläuterungen des Bundesfinanzministeriums zu den Regelungen zusammenzutragen.

Da darf die Frage erlaubt sein, ob es überhaupt noch gewährleistet ist, dass die Besteuerung unter Einhaltung aller Regelungen durchgeführt werden kann. Der Bundesrechnungshof kam schon 2006 zu dem Ergebnis: »Steuererklärungen können häufig nicht ordnungsgemäß geprüft werden.«

Welchen Umfang Ergänzungen und Sonderregelungen im Einkommensteuergesetz annehmen, kann man bereits im Inhaltsverzeichnis sehen. Üblicherweise sind in Gesetzestexten die Paragrafen fortlaufend nummeriert. Werden später Ergänzungen vorgenommen und Sonderregelungen eingeführt, müssen diese in den Text eingepflegt werden. So regelt § 7 die Abschreibung von Wirtschaftsgütern. Werden dazu Regelungen ergänzt, müssen die als § 7 a usw. eingeführt werden. Allein die Vorschriften zu Sonderabschreibungen ziehen sich bis zu § 7 k. Kein Wunder, dass von den einstmals einfachen und logischen Vorschriften nichts mehr übrig geblieben ist. Ähnlich sieht es bei vielen anderen Regelungen aus.

Alle Jahre wieder erscheinen zum Jahresende neue Ergänzungen und Änderungen. Meist werden die Änderungen unter dem ehrlichen Titel »Jahressteuergesetz« veröffentlicht. Ab und an findet sich aber auch die schöne Bezeichnung Steuervereinfachungsgesetz. Einfacher ist das Steuerrecht dadurch allerdings nicht geworden. Berater und Finanzbeamte müssen sich aber mit den ständigen Änderungen herumschlagen und der Bürger wird mit der eigenen Steuererklärung permanent überfordert. Wer glaubt, er habe einmal die Steuererklärung richtig und gut erstellt und könne in den nächsten Jahren die Daten einfach übertragen, hat sich geirrt. Im nächsten Jahr gelten mit Sicherheit einige Änderungen, sodass er weitere Angaben machen muss und andere nicht mehr benötigt werden. Und wenn er selbst nicht von den Änderungen betroffen ist, hat sich durch einige Neuerungen mit Sicherheit das Formular so verändert, dass jedes Jahr aufs Neue die Suche nach der richtigen Formularzeile für die Angaben beginnt.

Die Liste der Änderungen der Steuergesetze ist unbeschreiblich lang. Allein die Zusammenstellung der Steuerrechtsänderungen seit 1964 des Bundesfinanzministeriums hat mehr als 180 Seiten und führt 275 Gesetze zur Änderung steuerlicher Vorschriften auf. Alle diese Änderungen sind natürlich in die Software für Finanzamt und Berater einzubauen.

Immerhin sind die Finanzämter bald mit einer einheitlichen Software ausgestattet, sodass die jährlichen Änderungen zentral vorgenommen werden können. Das war nicht immer so, denn die Steuererhebung ist Ländersache und jedes Land kochte gerne sein eigenes Süppchen.

Die Folgen konnten Gewerbetreibende 2009 erleben. Es war nicht gelungen, eine Steuervergünstigung für Gewinne, die im Unternehmen bleiben, in die Finanzamtssoftware zu integrieren. Wer sie beantragte, erlebte mit dem Steuerbescheid sein blaues Wunder. Steuerpflichtige wurden von ihrem Finanzamt aufgefordert, deshalb gegen den soeben zugestellten Steuerbescheid Widerspruch einzulegen, weil die beantragte Steuervergünstigung nicht berücksichtigt werden konnte. Es war nicht gelungen, die Software an ein Gesetz anzupassen, das schon im Juli 2007 beschlossen wurde. Wohlgemerkt reden wir nicht von einer Bananenrepublik, sondern von der Bundesrepublik Deutschland.

Da möchte man ausrufen: Lieber Herr Merz, warum haben Sie Ihr Versprechen nicht gehalten? Ich möchte den Tag noch erleben, an dem meine Steuererklärung auf einen Bierdeckel passt. Und wenn nicht – ein oder zwei Seiten verständlicher Formulare würden mir schon genügen. Dafür verzichte ich dann vielleicht ganz gerne auf die eine oder andere Sonderregelung.

TACHOGRAFENPFLICHT

Lenkzeitenregelungen für Fahrer von Lkw sind eigentlich eine gute Sache. Wer möchte schon in einen Unfall verwickelt werden, weil ein Lkw-Fahrer zu schnell gefahren ist oder zu lange am Steuer sitzt? Durch die ständige Überwachung durch einen Fahrtenschreiber, im Fachdeutsch Tachograf genannt, sind solche schweren Unfälle heute eine Seltenheit geworden. Dafür zuerst einmal vielen Dank an die Bürokraten, die in den 1950er-Jahren die Fahrtenschreiberpflicht einführten.

Wie so oft haben sich die Regelungen mit den Jahren weiter verfeinert und in Teilen verselbstständigt. Nicht nur schwere Lkw müssen heute einen Tachografen besitzen. Vielmehr benötigt jedes gewerblich genutzte Fahrzeug über 3,5 Tonnen ein solches Gerät. Seit einigen Jahren ist an die Stelle der früher üblichen Aufzeichnungsgeräte, die auf einer runden Papierscheibe die Fahrtzeiten und Geschwindigkeiten aufzeichneten, ein elektronisches Bauteil getreten. Das hat natürlich eine Menge Vorteile. Die Elektronik ist deutlich schwerer zu manipulieren als die alten mechanischen Vorrichtungen. Außerdem sind die Geräte so ausgestattet, dass ohne eine eingelegte Fahrerkarte das Fahrzeug gar nicht erst bewegt werden kann.

So weit, so gut. Die Kehrseite der Medaille ist, dass nur Fahrer, die eine solche Fahrerkarte besitzen, überhaupt noch ein Fahrzeug über 3,5 Tonnen für einen Gewerbebetrieb fahren können. Vorbei die Zeit, als der Rentner mal kurz einspringen und eine Fahrt als Aushilfe übernehmen konnte. Erst einmal muss die Fahrerkarte beschafft werden, was natürlich mit einem gewissen Zeitaufwand und Kosten verbunden ist.

Die Flexibilität leidet aber nicht nur in diesem Bereich. Auch Handwerker, die Fahrzeuge über 3,5 Tonnen einsetzen, sind von der Fahrtenschreiberpflicht betroffen. Sollten ursprünglich vor allem Fahrzeuge überwacht werden, die im Gütertransport für Speditionen unterwegs sind, gehören auch alle anderen Gewerbetreibenden zu den Betroffenen, wenn sich ihre Fahrzeuge mehr als 50 Kilometer Luftlinie vom Firmensitz entfernen. Mit dieser Kurzstreckengrenze sollten vor allem regional tätige Handwerker von der Verpflichtung befreit werden. Das hat vor Jahren auch noch wirklich gut funktioniert, war doch das Handwerk eher regional aktiv und nur wenige Unternehmen haben überregional gearbeitet.

Heute sind aber auch kleinere Handwerksunternehmen gezwungen, sich um Aufträge in größerer Entfernung vom Firmensitz zu bemühen, um wirtschaftlich zu überleben. Damit kommen besonders Unternehmen im ländlichen Raum schnell über die Grenze von 50 Kilometern, wenn sie auch in den nächstgelegenen Großstädten arbeiten möchten. Und schon wiehert der Amtsschimmel und die Bürokratie schlägt mit einem enormen Kostenapparat zu. Nicht nur, dass die Geräte in die Fahrzeuge eingebaut werden müssen. Auch benötigt jeder, der einmal in die Verlegenheit kommen könnte, den Transporter oder Lkw bewegen zu müssen, eine Fahrerkarte. Die Kosten hierfür mögen noch überschaubar erscheinen, sind aber nur der Anfang. Um alle Auflagen zu erfüllen, müssen die Daten der Fahrerkarten und Fahrtenschreiber regelmäßig ausgelesen und nach Vorgabe gespeichert werden.

Da es sich um Arbeitszeitdaten handelt, müssen alle Aufzeichnungen mindestens zwei Jahre archiviert werden. Dazu wird eine spezielle Software zum Auslesen der Daten benötigt, und eine Datensicherung soll natürlich auch erfolgen. Nur so vermeidet der Unternehmer das Risiko, bei einem Datenverlust auch noch ein Bußgeld zu zahlen. So bremsen zusätzliche Verpflichtungen und Kontrollen so manchen kleineren Handwerksbetrieb darin, seinen Aktionsradius zu erweitern. Denn der erste Auftrag, der die Entfernungsgrenze übersteigt, ist mit enormen Investitionen verbunden. Hier wird der Betrieb keinen Überschuss mehr erzielen können. Leider gibt es keine Untersuchungen, wie viele Betriebe wegen dieser Auflagen auf die Erweiterung ihres Aktionsradius und die Schaffung neuer Arbeitsplätze verzichten.

Kurios wird es nun, wenn man sich die Ausnahmen von der Tachografenpflicht in der Fahrpersonenverordnung ansieht. Dort sind Zirkus- und Schaustellerfahrzeuge explizit von der Verpflichtung zum Einbau eines Fahrtenschreibers befreit. Da darf die Frage erlaubt sein, ob Handwerk oder Schausteller die größere Stütze für die deutsche Wirtschaft und den Arbeitsmarkt darstellen. Wenn schon Befreiungen, dann doch bitte mit Augenmaß. Oder wäre nicht sogar eine Beschränkung auf den gewerblichen Gütertransport die bessere Wahl? Dann könnte man auch die Gewichtsgrenze für die Fahrzeuge auf 2,8 Tonnen absenken und damit so manchen Kurierfahrer, der uns mit seinem Kleintransporter auf der linken Autobahnspur anschiebt, besser kontrollieren, ohne zugleich andere kleine Gewerbetreibende auf ihr engstes Umfeld zu begrenzen.

UMSATZSTEUER

Wer sich mit der Umsatzsteuer beschäftigt, kann dabei eine Menge lernen. Er erfährt unter anderem, dass ein Nilpferd kein Hausschwein ist, worin der steuerliche Unterschied zwischen Hausesel, Maulesel und Maultier besteht und dass ein 50 Zentimeter breites Brett ausreicht, sich bis zum Europäischen Gerichtshof um die Höhe der Umsatzsteuer, die auf eine Bratwurst erhoben wird, zu streiten.

Die Umsatzsteuer, den meisten als Mehrwertsteuer bekannt, ist eine der wichtigsten Steuereinnahmen des Bundes. Im Jahr 2011 wurden mehr als 139 Milliarden Euro an Umsatzsteuer abgeführt. Die Umsatzsteuer ist eine Verbrauchsteuer. Das bedeutet, dass der Endverbraucher zusätzlich zum eigentlichen Preis eines Produktes eine Abgabe – nämlich die Umsatzsteuer – zahlt. Der Vorteil dieser Besteuerungsmethode liegt darin, dass derjenige, der über ein hohes Einkommen verfügt und damit auch viel Geld ausgibt oder ausgeben kann, automatisch auch mehr Steuern zahlen muss als derjenige, der mit einem geringen Einkommen nur wenige Ausgaben vornehmen kann.

Für Unternehmer kann die Erhebung der Umsatzsteuer allerdings zu einer enormen Belastung werden. Denn die Erhebung ist nur dann möglich, wenn jeder Einkauf des Endkunden auch tatsächlich erfasst wird. Das ist natürlich direkt beim Verbraucher nicht möglich. Wer von uns hätte schon Lust, ein auf den Cent genaues Haushaltsbuch zu führen, das er am Monatsende dem Finanzamt vorlegt, um auf die verbuchten Ausgaben die Mehrwertsteuer abzuführen? Dieses Verfahren wäre in der Praxis völlig undurchführbar. Deshalb müssen Unternehmer zusammen mit ihrer Rechnung auch die Umsatzsteuer in Rechnung stellen und diese an das Finanzamt abführen. Liebe Unternehmer, an dieser Stelle vielen Dank für die Nebentätigkeit als unbezahlte Steuereintreiber!

Die wenigsten Kunden wissen, welcher Aufwand für die Unternehmen mit der Umsatzsteuerverwaltung verbunden ist. Die Grundlagen der Umsatzsteuererhebung sind noch einfach zu verstehen. Doch wie in vielen Bereichen des Steuerrechts gilt auch hier: keine Regel ohne Ausnahme und kein Steuergesetz ohne steuerfremde Regelungsziele. So gibt es nicht einen einheitlichen Umsatzsteuersatz von 19 Prozent, der auf alle Waren und Dienstleistungen erhoben wird. Daneben gibt es eine Gruppe begünstigter Umsätze, auf die nur 7 Prozent Umsatzsteuer anfällt, und einen weiteren Bereich von Umsätzen, die vollständig von der Steuer befreit sind.

Allein die Regelungen des Umsatzsteuergesetzes zur vollständigen Steuerbefreiung verschiedener Leistungen umfassen 28 Aufzählungspunkte mit diversen Unterpunkten. Steuerbefreit sind darin vor allem Leistungen, die der Grundversorgung dienen. So wird auf Mieten, Finanzdienstleistungen, ärztliche Leistungen, Pflegeleistungen, Kulturveranstaltungen und ähnliche Angebote keine Umsatzsteuer erhoben. Es finden sich aber auch Positionen, deren Steuerbefreiung nur schwer nachzuvollziehen ist. So ist ein blinder Unternehmer, der nicht mehr als zwei Mitarbeiter beschäftigt, von der Umsatzsteuer befreit. Ob diese Bevorzugung einer bestimmten Gruppe überhaupt mit dem allgemeinen Gleichheitsgrundsatz vereinbar ist, ist fraglich. Soll durch die Steuerfreiheit die Einschränkung der Unternehmer durch ihre Behinderung kompensiert werden, müssten auch viele andere Personenkreise wie Gehörlose oder gehbehinderte Selbstständige eine Vergünstigung erfahren.

Insgesamt wirkt die Liste der Umsatzsteuerbefreiungen ein wenig wie eine willkürliche Zusammenstellung verschiedenster Tatbestände, von denen einige ihre Aufnahme in die Befreiungsliste wohl vor allem guter Lobbyarbeit verdanken.

Eine Fortsetzung findet das Verwirrspiel in der Anwendung eines ermäßigten Umsatzsteuersatzes. Für 54 Positionen und zahlreiche Untergruppen sieht der Gesetzgeber eine Ermäßigung der Umsatzsteuer auf 7 Prozent vor. Es werden vor allem Lebensmittel von der Besteuerung zum Regelsteuersatz ausgenommen. Die Aufstellung ist so kompliziert, dass das Finanzministerium sich gezwungen sieht, mit einem mehr als 100 Seiten langen Schreiben zu erläutern, was genau gemeint ist. Begünstigt sind z. B. bestimmte lebende Tiere: Maultiere und Maulesel, Hausrinder, Hausschweine, Hausschafe, Hausziegen, Hausgeflügel Hauskaninchen, Haustauben, Bienen und Blindenhunde. Bei seinen Erläuterungen war das Bundesfinanzministerium besonders gründlich. So erfährt der interessierte Leser, dass lebende Hausschweine zum niedrigen Steuersatz verkauft werden können, Wildschweine aber mit voller Umsatzsteuer gehandelt werden müssen, auch wenn sie vom Käufer genauso zu Schweinebraten verarbeitet werden sollen wie ein Hausschwein.

Weiter lernt der zoologisch interessierte Steuerpflichtige, dass zwar ein Flusspferd mit Schweinen nahe verwandt ist, aber dennoch bei seinem Verkauf 19 Prozent Umsatzsteuer anfallen. Die Zoologen des Bundesfinanzministeriums waren wohl nicht auf dem neusten Stand der Forschung. Auch wenn Flusspferde traditionell den Paarhufern zugeordnet wurden, sieht die aktuelle Forschung die Wale als die nächsten Verwandten an. Leider ist nirgendwo vermerkt, wie viele Flusspferde in Deutschland pro Jahr durchschnittlich lebend verkauft werden. Da die Tiere unter Artenschutz stehen, ist ein Handel nur unter strengsten Auflagen gestattet. Außer einem Zoo dürfte kaum jemand die Erlaubnis zum Kauf oder Verkauf erhalten. Die meisten Zoos sind aber von der Umsatzsteuer gleich ganz befreit, womit jede Erläuterung zum geltenden Umsatzsteuersatz beim Verkauf eines Flusspferdes überflüssig ist.

Auch mit Eseln und Maultieren beschäftigt man sich intensiv. Maultiere und Maulesel werden lebend wie geschlachtet mit 7 Prozent Umsatzsteuer belegt. Ein Hausesel dagegen, der lebend verkauft wird, unterliegt dem Steuersatz von 19 Prozent. Erst nach der Schlachtung ändert sich die Einstufung. Dann wird der Hausesel umsatzsteuerlich einfach zu Fleisch, das unter Nummer 2 der Auflistung ermäßigt besteuerter Gegenstände steht und mit 7 Prozent Umsatzsteuer belegt wird.

Wer bis jetzt noch folgen kann, darf sich mit der Besteuerung von Imbissbetrieben beschäftigen und erfährt dabei, warum es so wichtig ist, wo er seine Bratwurst isst, und dass ein schmales Brett einen Imbiss viel Geld kosten kann.

Verzehrt der Kunde die Bratwurst in einem Imbissbetrieb, nimmt er auch eine Dienstleistung in Anspruch, er nutzt den Tisch und den Raum des Würstchenbraters, um dort zu essen. Nach Ansicht der Steuerexperten überwiegt die Dienstleistung, und damit muss der Imbiss eher mit einem Restaurant verglichen werden. Auf die Bratwurst werden 19 Prozent Umsatzsteuer fällig. Gibt es aber keine Möglichkeit, die Bratwurst direkt vor Ort zu essen, haben wir es nicht mehr mit einem Restaurant zu tun. Jetzt ähnelt der Imbiss steuerlich dann eher einer Metzgerei, die eine rohe Bratwurst zum späteren Verzehr zu Hause verkauft, und es werden nur noch 7 Prozent Umsatzsteuer erhoben.

Um die steuerliche Einordnung einer verkauften Bratwurst wurden schon Verfahren bis zum Europäischen Gerichtshof geführt. Ein Metzger, der vor seinem Ladenlokal einen Grillstand betrieb, hatte seine verkauften Bratwürste auch nach dem Braten mit 7 Prozent Umsatzsteuer versteuert. Das Finanzamt war der Ansicht, das sei zu wenig, er müsse 19 Prozent Umsatzsteuer abführen. Die Begründung: Rund um den Imbissstand war ein 50 Zentimeter breites Brett angebracht, auf dem die Kunden ihre Wurst abstellen und zudem mit Senf und Ketchup verfeinern konnten. Damit sah das Finanzamt den restaurantähnlichen Bewirtungscharakter gegeben und forderte statt des ermäßigten den vollen Steuersatz. Das Finanzgericht teilte die Einschätzung des Finanzamtes.

Der zu Hilfe gerufene Bundesfinanzhof rief den Europäischen Gerichtshof an, um die Frage zu klären, ob das Braten der Bratwurst am Imbiss bereits eine Dienstleistung ist, die einer ermäßigten Umsatzsteuerfestsetzung widerspricht. Denn auch zur Vereinheitlichung der Umsatzsteuererhebung hat sich Brüssel Gedanken gemacht. Die entsprechende Richtlinie 77/388/EWG umfasst mit Anlagen 110 Seiten, die zu interpretieren sich der BFH nicht imstande sah.

So beschäftigte die Bratwurst am Imbissstand schließlich das dritte Gericht. Der Europäische Gerichtshof kam schließlich zu dem Ergebnis, dass das Zurverfügungstellen eines 50 Zentimeter breiten Tresens in Form eines umlaufenden Bretts um den Imbissstand die Möglichkeit zum Verzehr vor Ort bietet und damit in der Tat der volle Umsatzsteuersatz zu zahlen ist.

Der hartnäckige Metzger muss nun also erhebliche Umsatzsteuer nachzahlen. Denn bei einem Verkaufspreis von 2,50 Euro pro Stück macht das für jede Wurst zusätzliche Umsatzsteuer von 0,24 Euro. Bei einigen Tausend verkauften Würsten im Laufe der Jahre kommt hier schon eine ansehnliche Summe zusammen.

VERPFLEGUNGSPAUSCHALE

Mobilität wird von Arbeitnehmern in zunehmendem Maße gefordert. Nicht nur ein Umzug aus beruflichen Gründen ist heute eine Selbstverständlichkeit. Viele Arbeitnehmer nehmen es auch in Kauf, längere Reisen für den Arbeitgeber zu unternehmen oder an weit entfernten Arbeitsorten eingesetzt zu werden. Damit verbunden sind immer Übernachtungen am Einsatzort. Das bedeutet natürlich, dass auch die Verpflegung dort beschafft werden muss. Auch der Fiskus hat erkannt, dass es teurer ist, auswärts zu essen, als zu Hause. Geht jemand privat essen, ist das sein persönliches Vergnügen. Muss er aber aus beruflichen Gründen auswärts essen, dann sind die dadurch anfallenden Mehrkosten im steuerlichen Sinne Werbungskosten.

Bis zu diesem Punkt sind sich Finanzamt und Steuerpflichtiger meist noch einig. Doch bei der Festsetzung der akzeptierten Mehrkosten streiten sich die Geister. Immer dann, wenn eine Ermittlung der tatsächlichen Aufwendungen nicht sachgerecht wäre, tauchen im Steuerrecht Pauschalen auf, so auch bei den Mehrausgaben für die Verpflegung. So erspart der Gesetzgeber Finanzämtern und Steuerpflichtigen immerhin Kalkulationen für die tatsächlichen Mehrkosten. So gesehen sind die Pauschalen für die Verpflegungsmehraufwendungen echte Bürokratievermeidung. Wer mag schon vor einer Dienstreise ausrechnen, wie teuer seine Mahlzeiten zu Hause gewesen wären, und anschließend unterwegs jeden Schokoriegel und jedes Schnitzel mit Rechnungen dokumentieren?

Wie hoch die anerkannten Pauschalen sind, hängt davon ab, wie viele Stunden der Arbeitnehmer an einem Tag von seinem üblichen Arbeitsort entfernt tätig ist. Nur wer mehr als acht Stunden unterwegs ist, kann eine Pauschale für die Verpflegungsmehraufwendungen ansetzen. Die meisten Dienstreisen und Auswärtstätigkeiten sind in wenigen Tagen beendet. In der Baubranche ist es aber nicht unüblich, Mitarbeiter für einen längeren Zeitraum auf weiter entfernt liegende Baustellen zu schicken. Dauert der Einsatz länger als drei Monate, finden sich die Mitarbeiter plötzlich in den Fängen der Steuerbürokraten. Ab jetzt gibt es keine Verpflegungsmehraufwendungen mehr.

Das Einkommensteuergesetz beschränkt den Ansatz der Pauschalen auf die ersten drei Monate einer Auswärtstätigkeit. Wie der Mitarbeiter danach die anfallenden Mehrkosten finanziert, interessiert nicht weiter. Erst bei einer neuen

Auswärtstätigkeit gibt es wieder die Verpflegungspauschale. Wer jetzt glaubt, er könne mal eben für ein paar Tage Urlaub machen oder kurz auf einer anderen Baustelle arbeiten, wird bitter enttäuscht. An die gleiche Baustelle darf der Mitarbeiter frühestens nach einem Monat zurückkehren, damit sich der Fiskus gnädig zeigt und sich wieder mit der Pauschale an der Verpflegung beteiligt.

Das kann für Bauunternehmen, die ganze Trupps über Monate auf Großbaustellen einsetzen möchten, zu einem ernsten Problem werden. Nach spätestens drei Monaten drängen die Mitarbeiter darauf, auf einer anderen Baustelle eingesetzt zu werden. Das Ergebnis: Ganze Teams reisen von einer Baustelle zur anderen, anstatt einen Auftrag von Anfang bis Ende zu bearbeiten. Dass dabei höhere Kosten entstehen, dürfte niemanden wundern. Aber immerhin sehen die Mitarbeiter dank der Pauschalenbürokratie eine ganze Menge von der Welt. Ob diese staatlich verordnete Reiselust den Wirtschaftsstandort Deutschland wirklich stärkt?

WEITERBILDUNGSORDNUNG FÜR ÄRZTE

Ein Arzt bekommt seine Zulassung zur Berufsausübung nach Ablegung der staatlichen Prüfung, des Staatsexamens. Doch mit der reinen Erlaubnis, der Approbation, kann ein Mediziner weder Karriere machen noch sich als Hausarzt niederlassen. Will ein Mediziner im Krankenhaus zum Oberarzt aufsteigen, wird dazu in den meisten Fällen zusätzlich ein Facharzttitel verlangt. Auch bei der Eröffnung einer eigenen Praxis geht es nicht ohne vorherige Weiterbildung. Nur mit bestandener Facharztprüfung gibt es auch die Anerkennung als Vertragsarzt, der seine Leistungen mit den gesetzlichen Krankenkassen abrechnen darf.

Der Weg zur Facharztprüfung ist steinig. Nicht nur weiteres theoretisches Wissen muss gepaukt werden, auch praktische Erfahrung gehört dazu. Dazu muss der angehende

Facharzt mindestens fünf Jahre als Weiterbildungsarzt bei einem Kollegen arbeiten, der eine Zulassung für die Weiterbildung in diesem Bereich besitzt. Wie lange genau diese Weiterbildungszeit sein muss, ist in den Weiterbildungsordnungen der Landesärztekammern geregelt.

Für die 41 möglichen Facharztbezeichnungen, die ein Mediziner erwerben kann, gibt es viele Stellen, auf denen ein Bewerber seine fachliche Qualifikation in der Praxis erwerben kann. Schwerer wird es, wenn ein Arzt neben den Interessen auf diesem Gebiet eine weitere Ausbildung machen möchte. Dann hat er die Möglichkeit, den »kleinen Facharzt« zu erwerben. In der Weiterbildungsordnung heißt dieser Qualifikationsnachweis »Zusatzbezeichnung«. Es gibt 23 mögliche Zusatzbezeichnungen, darunter bekannte wie Sportmedizin, Umweltmedizin oder Homöopathie, aber auch seltenere Spezialisierungen wie Flugmedizin oder Tropenmedizin.

Eine Zusatzbezeichnung als Flugmediziner wird verlangt, wenn ein Arzt für Berufspiloten die regelmäßig vorgeschriebenen Pflichtuntersuchungen vornehmen und Tauglichkeitszeugnisse ausstellen möchte. Diese Zusatzbezeichnung konnte nach der Weiterbildungsordnung von 2008 zwar schon nach kürzerer Weiterbildungszeit vergeben werden, aber zuerst musste der angehende Flugmediziner eine Weiterbildungsstelle finden, bei der er praktische Erfahrung sammeln konnte. Es gibt bundesweit nur wenige große Institute, die Flugmediziner beschäftigen, wie das Flugmedizinische Institut der Bundeswehr und die Lufthansa. Die wenigen Weiterbildungsstellen hier werden aber von den eigenen Mitarbeitern dringend benötigt. Damit war nach der Veränderung der Weiterbildungsordnung für Ärzte im Jahr 2008 die Neuzulassung von Flugmedizinern dramatisch zurückgegangen. Der Grund war kein Mangel an interessierten Ärzten, sondern ein Mangel an Weiterbildungsmöglichkeiten. Auf Dauer war zu befürchten, dass die Zahl der Untersuchungsstellen dramatisch zurückgeht, weil die schon zugelassenen Flugmediziner nach und nach in den Ruhestand gehen und nur wenige neue nachrücken können. Mit der Neuregelung und Vereinheitlichung der Weiterbildungsvorschriften hatte man ehrgeizige Standards gesetzt, die in der täglichen medizinischen Praxis nicht immer umsetzbar waren.

Offensichtlich hat die Bundesärztekammer erkannt, dass die strengen Regelungen für den Erwerb von Zusatzbezeichnungen die Qualifizierung nicht verbessern, sondern verschlechtern. 2010 wurde die Weiterbildungsordnung ergänzt. Nun kann ein Arzt die praktische Erfahrung als Weiterbildungsarzt in der Flugmedizin durch regelmäßige kollegiale Gespräche mit einem anerkannten Kollegen ersetzen. Mit der Anpassung konnte nun schließlich wieder eine praktikable Lösung gefunden werden.

WINDENERGIE

Erneuerbare Energie schont die Umwelt und erlaubt den Ausstieg aus der Atomstromproduktion. Mit diesen Argumenten wurden Solar- und Windkraftanlagen vermarktet und gefördert. Der Umstieg auf alternative Energien ist aber nicht so leicht zu vollziehen, wie es sich so mancher gedacht hat.

Wie jede neue Technik waren auch Solar- und Windkraftanlagen zunächst sehr teuer und nicht wirtschaftlich. Weil die Technik politisch gewünscht war, griffen die Bürokraten in den Markt ein. Damit auch private Investoren in die Anlagen investieren konnten, wurde kräftig subventioniert, nicht nur durch günstige Darlehen der staatlichen Förderbank KfW, sondern auch durch eine gesetzlich festgeschriebene Vergütung, die Stromkonzerne beim Ankauf des produzierten Stroms zahlen müssen. So erhielten die Investoren Kalkulationssicherheit und konnten ihr Risiko reduzieren.

Mit dieser Unterstützung entstanden zahlreiche Windkraftanlagen in Deutschland. Bevorzugt werden die Anlagen in den Mittelgebirgen und an den Küsten errichtet, eben da, wo der Wind stark genug, aber traditionell weniger Industrie angesiedelt ist. Darum sind die Leitungsnetze dort auch weniger gut ausgebaut als da, wo auch große Abnehmer vorhanden waren. Durch das Gesetz für den Vorrang Erneuerbarer Energien (EEG) sind Netzbetreiber aber verpflichtet, die Anlagen ans Netz anzuschließen und den produzierten Strom abzunehmen.

Hier haben die gesetzlichen Verpflichtungen für die Versorger gleich zu zwei Problembereichen geführt. Die großen Hauptleitungen liegen in den Bereichen Deutschlands, in denen klassisch große Industriebetriebe als Großabnehmer ihren Sitz hatten. Das waren leider nicht die Regionen, die sich für die Errichtung von Windkraftanlagen besonders eignen. Spätestens bei Offshorewindparks in der Nordsee endete das vorhandene Leitungsnetz und musste speziell zum Anschluss der Anlagen teuer angelegt werden.

Die vorhandenen Netze in den Mittelgebirgen waren nicht auf den Transport von derart großen Strommengen ausgelegt, wie sie von den neuen Windparks produziert werden. Der hochgelobte ökologische Strom aus Windkraft wird also leider an Orten produziert, wo ihn niemand benötigt und er wegen schlechten Leitungsausbaus auch schlecht zu Kunden geleitet werden kann. Neue Leitungstrassen müssen her, wogegen sich wiederum Bürgerinitiativen und Umweltschützer wehren.

Strom aus Windkraftanlagen wird dann produziert, wenn der Wind weht, kein Wind bedeutet auch keinen Strom. Es gibt für die Stromversorger aber noch keine Möglichkeit, Strom in großen Mengen wirtschaftlich zu speichern, bis er von einem Kunden benötigt wird. Was passiert nun, wenn die Windkraftanlagen auf Höchstleistung laufen, aber keine Abnehmer für den Strom vorhanden sind? Dann steigt die Spannung in den Leitungsnetzen an. Als Folge könnte das gesamte Stromnetz zusammenbrechen.

Das größte Problem entsteht, wenn der Wind zu stark wird, denn dann müssen die Windräder abgeschaltet werden. Bei Windgeschwindigkeiten über 30 Metern pro Sekunde drohen sie umzustürzen. Schaltet aber ein ganzer Windpark ab, fehlt dem Versorger schlagartig Strom. Experten gehen deshalb davon aus, dass es bei einem weiteren Ausbau der Windenergie nur eine Frage der Zeit ist, bis das Stromnetz diese Effekte einmal nicht mehr verkraften kann. Die Kunden werden bemerken, wenn es so weit ist, denn dann wird die Stromversorgung ganzer Regionen schlagartig zusammenbrechen. Besonders gefährdet ist der Osten der Republik. Hier finden sich besonders viele Windkraftanlagen, die weit mehr Strom produzieren, als in der Region verbraucht wird. Zudem gibt es zu wenige Überlandleitungen, mit denen der Strom in Industrieregionen abgeleitet werden könnte, wo er eigentlich benötigt wird. An stürmischen Tagen kann es also vorkommen, dass Großkunden eine Prämie bekommen, wenn sie Strom abnehmen und damit die Leitungssicherheit unterstützen. Finanziert wird das Ganze dann aus der EEG-Umlage, dem Aufschlag zur Förderung erneuerbarer Energien, die Verbraucher mit dem Strompreis zahlen müssen.

Die Umlage wird auch dazu genutzt, Entschädigungen an Betreiber von Windkraftanlagen zu zahlen, wenn die Leistung gedrosselt werden muss, weil das Netz den produzierten Strom nicht aufnehmen kann. Das Ausmaß der

Fehlsteuerung in der Energieversorgung wird deutlich, wenn man bedenkt, dass 2011 insgesamt 407 Gigawattstunden Windstrom nicht eingespeist werden konnten. Allein damit hätten mehr als 100.000 Haushalte ein Jahr mit Strom versorgt werden können.

Geradezu absurd erscheint der Gedanke, dass die Kosten, die für die Entschädigung der Anlagenbetreiber anfallen, auf die Kunden umgewälzt werden. So zahlen die Stromkunden gleich doppelt. Zuerst eine Abgabe zur Förderung der Windenergie und danach die Entschädigung, weil die Nutzung der Windenergie wegen zu schwacher Überlandleitungen und zu geringem Verbrauch nicht möglich ist.

WOHNGELD & GRUNDSICHERUNG

Grundsicherungsleistungen (Hartz IV) soll nur erhalten, wer keine anderen Leistungen beanspruchen kann und wirklich bedürftig ist. Das hört sich logisch und schlüssig an. Wer aus anderen Einkommensquellen seinen Lebensunterhalt bestreiten kann, benötigt keine staatlichen Transferleistungen, die aus Steuereinnahmen finanziert werden. Wenn andere staatliche Leistungen bezogen werden können, müssen diese zuerst beantragt werden, bevor eine Grundsicherungsleistung gewährt werden kann. Bis dahin wird die Grundsicherung zunächst ungekürzt ausgezahlt.

Gibt es später rückwirkende Leistungen wie Wohngeld oder Unterhaltsvorschuss, wird die Grundsicherungsleistung entsprechend gekürzt und zu viel gezahlte Beträge müssen von den anderen Leistungsträgern an die Jobcenter erstattet werden. Unterhaltsvorschuss und Wohngeldleistungen für Kinder müssen vorrangig beantragt werden, bevor die Kinder andere Leistungen beziehen können. Bestehen solche Ansprüche, wird die Beantragung der Hilfeleistungen für bedürftige Eltern zum echten Bürokratiemarathon. Der Bundesrechnungshof hat sich im Sommer 2012 mit dem »Vollzugsaufwand bei der Gewährung von Unterhaltsvorschuss und Wohngeld an Kinder mit Anspruch auf Leistungen der Grundsicherung für Arbeitsuchende« beschäftigt. Das Fazit des Berichts ist ernüchternd.

Zunächst stellen die Eltern drei unterschiedliche Leistungsanträge an drei verschiedene Stellen. Dort wird dreimal geprüft, ob ein Anspruch auf die jeweiligen Leistungen besteht. Bis zur Entscheidung über zwei der Anträge wird die dritte Leistung ungekürzt gezahlt. Kommt es zur Bewilligung einer oder beider anderen Leistungen, werden die Zahlungen in voller Höhe auf die Zahlung angerechnet. Für die bedürftigen Kinder ändert sich also nichts, egal, wie über die Anträge auf Unterhaltsvorschuss und Wohngeld entschieden wird. Einziger Effekt der Antragsbearbeitung:

Ein Teil der bezogenen Sozialleistungen wird von Bund und Ländern getragen und nicht von den Kommunen wie die Grundsicherungsleistung.

Dass es sich bei den mehrfach zu stellenden Anträgen nicht um Einzelfälle handelt, zeigt die Zahl der Kinder, die neben Leistungen der Grundsicherung auch Unterhaltsvorschuss erhalten. 2009 lag diese Zahl immerhin bei mehr als 340.000. Davon bekamen wiederum mehr als 92.000 zusätzlich Wohngeld. Die Verrechnung und Aufrechnung von Ansprüchen und die mehrfache Bearbeitung von Antragsunterlagen führen nach den Untersuchungen des Bundesrechnungshofes aber zu aufwendigen und fehleranfälligen Verfahren. Die Rechnungsprüfer haben den Prozess der Antragstellung analysiert und kamen dabei auf 36 Schritte, die erforderlich sind, bis schließlich die Leistungen so fließen, wie es die gesetzlichen Regelungen vorsehen.

Eine Umstellung der Verfahren zu einer einheitlichen Beantragung von Leistungen beim Jobcenter würde 25 Schritte weniger erfordern und im Jahr mehr als 160 Millionen Euro Verwaltungsaufwand einsparen. Hinzu kämen weitere Einsparungen durch geringere Fehleranfälligkeit des gesamten Antragsverfahrens.

Der Bundesrechnungshof hat zu seinem Bericht auch Stellungnahmen der betroffenen Ministerien eingeholt. Dort möchte man an den bestehenden Verfahren festhalten und findet einige Gründe dafür. Keine der Begründungen kann die Rechnungsprüfer überzeugen. So liest sich die Darstellung des Bundesrechnungshofs mit Stellungnahmen der Ministerien und den Gegenargumenten des Rechnungshofs wie eine Dokumentation der Uneinsichtigkeit gegenüber sachlichen Argumenten dafür, den kleinen Betrag von 160 Millionen jährlich einzusparen.

X/Y

ZEITUMSTELLUNG

Wer hat an der Uhr gedreht … Die Melodie kennen wir alle noch aus unserer Kindheit. Anscheinend hat sich auch in Brüssel so mancher häufig Paulchen Panther angeschaut. Das könnte man denken, wenn wieder einmal der Tag gekommen ist, die Uhren auf Sommerzeit umzustellen.

Wer sich genauer damit beschäftigt, muss feststellen, dass die Sommerzeit lange vor der EU erfunden wurde. Die ersten Vorschläge stammen aus dem Jahr 1907. Schon kurz darauf gab es erste Versuche, die Uhr im Sommer eine Stunde vorzustellen, um so das Tageslicht besser nutzen zu können. Nach dem Zweiten Weltkrieg wurde die Zeitumstellung lange nicht mehr vorgenommen. Mit der Energiekrise von 1973 hat man den Gedanken wieder aufgegriffen, um durch die bessere Ausnutzung des Tageslichts den Energieverbrauch zu senken. 1977 wurde in den ersten europäischen Staaten die Uhr im Sommer um eine Stunde vorgestellt. Deutschland zog 1980 nach.

Um den Umstellungsaufwand gering zu halten und zu koordinieren, gilt seit 1996 europaweit eine einheitliche Sommerzeit vom letzten Sonntag im März bis zum letzten Sonntag im Oktober. Damit das umgesetzt werden konnte, hat die EU die Richtlinie 1980/737/EWG zur Regelung der Sommerzeit verabschiedet, die zwischenzeitlich mehrfach überarbeitet wurde.

Die erwünschten Vorteile einer Energieeinsparung konnten allerdings nicht realisiert werden. Studien in den USA ergaben sogar einen höheren Energieverbrauch nach Einführung der Sommerzeit. Was dagegen gut dokumentiert ist, sind negative Folgen der Zeitumstellung für Wirtschaft und Bürger. Gegner der Zeitumstellung führen an, dass die Umstellung zu Stress für den Menschen führt und ähnlich wirkt wie ein Jetlag, den der Körper erst nach Monaten ausgleichen kann. Eine Studie will sogar eine Erhöhung des Herzinfarktrisikos ausgemacht haben.

Landwirte haben mit der Umstellung ganz offensichtlich zu kämpfen. Da Milchvieh empfindlich auf Veränderungen der Melkzeiten reagiert und keine Kuh die Uhr lesen kann, führt die Zeitumstellung zu Problemen. Nur durch eine schrittweise Veränderung der Melkzeiten können Milchbauern die Umstellung für die Tiere umsetzen.

Besonders aufwendig ist die Zeitumstellung im öffentlichen Verkehrswesen. Die Bahn hat bei der Umstellung auf die Sommerzeit eine Stunde zu wenig, um ihre Züge rechtzeitig zum Zielbahnhof zu bringen. Wird die Uhr wieder auf Normalzeit zurückgestellt, müssen Nachtzüge eine Stunde angehalten werden, um den Fahrplan einzuhalten.

Auch für viele andere Unternehmen ist die Zeitumstellung eine enorme Belastung. Um möglichst wenige Auswirkungen auf das Alltags- und Arbeitsleben zu haben, wird die Uhr nachts zwischen zwei und drei Uhr umgestellt. Im Frühjahr wird eine Stunde vorgestellt, die Nacht also eine Stunde kürzer, im Herbst wird zurückgedreht und die Nacht ist eine Stunde länger.

Genau das kann für Unternehmen, in denen auch nachts gearbeitet wird, zum Problem werden. Die nächtliche Schicht fällt einmal eine Stunde kürzer und einmal eine Stunde länger aus. Damit verkürzen oder verlängern sich in der Nacht der Zeitumstellung die Ruhepausen und Arbeitszeiten der Mitarbeiter im Schichtdienst. Da die Höchstarbeitszeit und die Mindestfreizeit zwischen zwei Schichten gesetzlich geregelt sind, müssen nicht selten besondere Schichtpläne für den Tag der Zeitumstellung erarbeitet werden, damit die Vorgaben des Arbeitsrechts eingehalten werden können.

Umfragen in verschiedenen Ländern Europas haben ergeben, dass viele Menschen sich gegen die Zeitumstellung aussprechen. Dennoch wird europaweit daran festgehalten, obwohl das Ziel der Energieeinsparung ganz offensichtlich nicht verwirklicht werden konnte und die Belastungen durch die Zeitumstellungen enorm sind.

ZOLL

Möchten Sie einmal eine echte Stradivari-Geige sehen, gibt es zwei Möglichkeiten: Sie gehen in ein Museum oder zum Zoll am Frankfurter Flughafen. Doch wie kommt der Zoll in den Besitz der wertvollen Instrumente?

Möchte ein Musiker sein Instrument aus dem Ausland mit nach Deutschland bringen, um darauf zu musizieren, muss er das beim Zoll anmelden. Er benötigt ein sogenanntes Carnet A. T. A. Diese Bescheinigung legt fest, dass bestimmte Waren oder Geräte, zu denen eben auch ein Instrument gehört, zollfrei in die Europäische Union eingeführt werden können, wenn sie hier nur vorübergehend verwendet werden sollen.

Die gesetzliche Grundlage findet sich unter anderem in § 11 der Einfuhrumsatzsteuer-Befreiungsverordnung. Mit dem Carnet verbürgt sich die ausstellende Behörde im Herkunftsland dafür, dass die Waren unverändert wieder aus der EU ausgeführt werden. Kann eine solche Bürgschaft nicht vorgelegt werden, geht der Zoll davon aus, dass die Waren und Produkte in Europa verarbeitet oder verkauft werden sollen. Ist das der Fall, muss bei der Einfuhr eine der deutschen Mehrwertsteuer entsprechende Einfuhrumsatzsteuer auf den Warenwert gezahlt werden. So wird sichergestellt, dass dem Fiskus keine Umsatzsteuereinnahmen entgehen. Die Beantragung und Ausstellung eines Carnets ist recht kompliziert und kostenintensiv: je höher der Wert der Waren, die transportiert werden sollen, desto teurer die zugehörige Bürgschaft.

So sind wir wieder bei der Stradivari-Geige angekommen. Ein solches Instrument ist selten und damit auch teuer. Die bislang teuerste Stradivari wurde 2011 für fast 10 Millionen britische Pfund versteigert. Viele Instrumente sind heute im Besitz von Stiftungen und Banken, die sie an Musiker verleihen. Möchten die Musiker mit dem Instrument reisen, wird es dadurch noch etwas komplizierter. Zusätzlich zu dem schon beschriebenen Carnet, das garantiert, dass sie die Geige wieder mitnehmen und nicht in Europa verkaufen möchten, müssen sie eine Vollmacht des Eigentümers vorlegen. Die Musiker können Carnet und Vollmacht nicht selbst beschaffen, sondern müssen den Eigentümer ihrer Instrumente darum bitten.

2012 hat es hier wohl einige Probleme gegeben. Am Frankfurter Flughafen gingen den Zöllnern gleich drei Berufsmusiker mit wertvollen Geigen ins Netz, für die nicht die notwendigen Papiere vorhanden waren. Die Beamten taten ihren Dienst und setzten eine Einfuhrumsatzsteuer fest. Die nach dem Wert der Instrumente berechneten Steuerforderungen bewegten sich zwischen 380.000 und 1,2 Millionen Euro. Kein Wunder, dass keiner der Musiker sie spontan begleichen konnte und der Zoll die Instrumente als Pfand sicherstellte. So kam es, dass mehrere wertvolle alte Geigen in der Asservatenkammer des Zollamtes landeten und für diplomatische Verwicklungen sorgten. Die Instrumente gehörten nämlich der Nippon Music Foundation.

Die Stiftung verleiht mehrere Stradivari an Musiker und untersteht direkt dem japanischen Bildungsminister. Der war wenig begeistert von der Sicherstellung und intervenierte beim Bundesfinanzministerium, das schließlich die Freigabe der Geigen ohne Zollzahlung verfügte. Eine große Boulevardzeitung berichtete, das habe die Zöllner derart verärgert, dass sie Strafanzeige gegen ihren Dienstherrn wegen Beihilfe zur Steuerhinterziehung erstatteten. Eine Bestätigung hierfür war aus Berlin aber nicht zu bekommen.

Fragt sich nur, ob das komplizierte Verfahren zur Befreiung von der Einfuhrumsatzsteuer nicht zu vereinfachen ist, damit allen Beteiligten zukünftig viel Ärger und diplomatische Verwicklungen erspart bleiben.

ZWEITWOHNUNGSTEUER

Ein zweiter Wohnsitz in einer attraktiven Stadt oder Urlaubsregion ist eine schöne Sache. Wer es sich leisten kann, kann sich so übers Wochenende oder im Urlaub auch zu Hause fühlen, kommt er doch in die eigene Wohnung. So einen Luxus kann sich nicht jeder leisten, dachten sich auch zahlreiche Gemeinden in Deutschland und wollten am Wohlstand der Zweitwohnungsbesitzer teilhaben. Dazu hat man eine eigene Steuer eingeführt, eben die Zweitwohnungsteuer. In einigen Gemeinden wird zusätzlich noch eine Kurtaxe von den Zweitwohnungsinhabern erhoben.

Kompliziert und undurchsichtig wird es bei der Frage, was überhaupt als Zweitwohnung gilt. Hier gibt es große Unterschiede in den verschiedenen Gemeinden. Nach den Kriterien des Bewertungsgesetzes muss eine Wohnung eine Mindestgröße von 23 Quadratmetern haben, abgeschlossen vom Rest des Gebäudes sein, eine Kochmöglichkeit, eine Toilette und eine Waschgelegenheit aufweisen. Nur so ist die Führung eines selbstständigen Haushalts in der Wohnung möglich. Für die Erhebung der Zweitwohnungsteuer kocht aber jede Gemeinde ihr eigenes Süppchen. Während sich beispielsweise Dresden bei der Wohnungsdefinition an das sächsische Baurecht hält, das eine Wohnung ähnlich wie oben beschrieben definiert, gelten in München andere Regeln. Dort ist jeder umschlossene Raum, der zum Wohnen und Schlafen benutzt werden kann, eine Wohnung. Jedes Zimmer, in das ein Bett passt, kann damit zur Zweitwohnung werden. Auch Wohnmobile oder Wohnwagen können dort als Wohnung eingestuft werden. Der Grundsatz heißt: Je mehr als Wohnung gilt, desto mehr Zweitwohnungsteuer kann festgesetzt werden.

Die Steuer trifft so nicht nur Vermögende, die sich den Luxus mehrerer Wohnsitze leisten können. Auch wer sich ein kleines Zimmer mietet, weil er nicht zu einer weit entfernten Arbeitsstelle pendeln möchte, ist davon betroffen. Der Student, der seinen Hauptwohnsitz bei den Eltern gemeldet hat und in München ein Zimmer mietet, hat dort einen Zweitwohnsitz.

Die Steuererhebung hat in den letzten Jahren zu zahlreichen Gerichtsverfahren vor den Verwaltungsgerichten geführt. Auch die Karlsruher Verfassungsrichter waren schon mit dem Thema befasst. Einig sind sich die Juristen nur in einem Punkt: Hat ein Ehepartner aus beruflichen Gründen eine Zweitwohnung am Arbeitsort, lebt aber ansonsten in der Familienwohnung, darf keine Zweitwohnungsteuer erhoben werden. Das sah das Verfassungsgericht als einen Verstoß gegen den Schutz von Ehe und Familie, wie ihn das Grundgesetz verlangt. Für alle anderen Inhaber einer Zweitwohnung kann es dagegen teuer werden. Die Steuersätze der Kommunen bewegen sich zwischen 5 Prozent der Jahresmiete in Berlin und mehr als 30 Prozent in Baden-Baden. Dort hat man sich in der Satzung über die Erhebung der Zweitwohnungsteuer noch etwas Besonderes einfallen lassen. Die Steuer wird jährlich am 1. Januar erhoben und ist für das ganze Jahr zu zahlen. Wird eine Zweitwohnung erst im Laufe des Jahres bezogen, beginnt die Steuerpflicht am nächsten Monatsersten. Bis jetzt klingt das alles noch sinnvoll und logisch. § 5 der Satzung führt weiter aus, dass die Steuerpflicht mit der Aufgabe der Zweitwohnung endet.

Was geschieht aber nun, wenn die Jahressteuer schon im Januar bezahlt wurde, die Zweitwohnung aber im Februar wieder aufgegeben wird? In diesem Fall ist der Grund für die Steuererhebung weggefallen. Also müsste die Steuer erstattet werden. Doch hier scheint man auf die Vergesslichkeit oder Großzügigkeit der Zweitwohnungsbesitzer zu bauen. Anstelle einer automatischen Erstattung, wie das in anderen

Bereichen wie der Kfz-Steuer üblich ist, erstattet die Stadt Baden-Baden zu viel bezahlte Zweitwohnungsteuer nur auf Antrag.

Stefan Horn ist Unternehmensberater und Journalist. Seit mehr als zehn Jahren ist er als Autor von Ratgeber- und Fachliteratur bekannt. In der Beratungspraxis kämpft er für seine Mandanten täglich gegen bürokratische Hürden auf dem Weg zu unternehmerischem Erfolg. Er lebt mit seiner Familie in der beschaulichen Vulkaneifel.